梅花与牡丹

中国经济新常态下的消费崛起

姚余栋　李宏瑾◎著

ZHEJIANG UNIVERSITY PRESS
浙江大学出版社

目 录

解开消费社会来临时困惑的金钥匙

消费看起来是消费者的主观选择，但实际上受制于收入与制度。消费的需求是有弹性的，会随着财富的增长与教育程度的提高而提高。 收入的总量与支出的总量总是在谋求一种动态均衡，寅吃卯粮在入不敷出的情况下总是很难持久。 在收入预期递增的情况下，预期为正，就是正能量，经济会充满活力；而当收入预期递减的情况下，预期为负，就是负能量，会引发经济萧条，乃至经济危机。

消费者的行为受制于收入的分配，当社会将收入过度转化为投资，个人消费受到压抑，消费品相关产业的发展也会受到制约；而当个人将收入过度转化为积蓄，消费压抑的成因可能来自于社会的制度抑制，这种制度安排可能是有意的，也可能是无意的。 而如果社会要想释放消费的潜能，也一定需要制度供给进行预先的调整，并且促使投资与产业进行适应性的调整，通过产品供给促进消费需求的释放与满足。

消费随着生产力的提高，消费总量、消费结构、消费质量都在相应发生深刻的变化，有效需求与有效供给都是经济优化升级过程中需要重视与引导的两大问题。 梅花与牡丹都是消费社会来临时社会需要弘扬的文化，人们也需要在制度层面做好疏导和引领，在社会创新机制上，加速驱动技术、文化、市场的融合与创新，推动经济结构优化和发展模式转型。

姚余栋、李宏瑾博士从文化入手，从消费结构到经济结构探寻中国经济长期发展的路径，找到了解开消费社会来临时困惑的金钥匙：供给创新与供给革命，这是中国新供给经济学研究书系第一本从理论到实证对中国经济进行深刻分析、研究的专著，期待今后繁花似锦、硕果累累！

中山大学股权投资研究中心主任　李万寿

2014 年 4 月 28 日

文化自觉:全球化时代中国的美与梦

20 世纪之末，费孝通先生在北京大学第二届社会文化人类学高级研讨班上首次提出了"文化自觉"的概念，强调生活在一定文化历史圈子的人应对其文化有自知之明，并对其发展历程和未来有充分的认识。他说："文化自觉是一个艰巨的过程，只有在认识自己的文化，理解并接触到多种文化的基础上，才有条件在这个正在形成的多元文化的世界里确立自己的位置，然后经过自主的适应，和其他文化一起，取长补短，共同建立一个有共同认可的基本秩序和一套多种文化都能和平共处、各抒所长、连手发展的共处原则。"而他八十寿辰时所言之"各美其美，美人之美，美美与共，天下大同"，即是对中国文化自觉的高度概括。

某种意义上讲，"文化自觉"是一代代中国人在数百年追求现代化历程中渐成之共识，是文化的自我觉醒、自我反省、自我创建，是应对全球一体化趋势而提出的解决人与人之间关系的方法。生活在特定文化中的人对其文化有足够投入与热情，明晰其来历和形成过程，厘清其特色和发展趋向，并不是要"复古"，也不是主张"异化"或"全盘西化"。这种"自知之明"，才是实现文化发展转型的自驱力，是适应新环境、新时代的自主选择能力。故今日有识者更要提倡"文化自觉"，以实证的态度、求是的精神来认识我们有悠久历史的文化。

中华乃文化古邦，亦是花之国度。作为诗词歌赋取之不尽的吟咏题材，文化殿堂姹紫嫣红的精灵、绚丽的花儿，承载着人类许多的美好情感，如爱情、亲情、友情；象征了人类许多的卓越精神，如高贵、坚忍、自由；也寄托着人类许多的良好愿望，如吉祥、长寿、幸福。天地造化，花儿与人文精神缭结在一起，与人们的历史、传统、道德、风俗和习惯息息相关，被人们赋予众多的文化内涵。千百年来，最受中国人钟爱的是牡丹与梅花。牡丹、梅花习性不同。牡丹宜于北方生长，梅花恰是南国之树。牡丹被视为"富贵"，有"国色天香"之誉。"名花倾国两相欢"、"花开时节动京城"、"牡丹一朵值千金"。白居易《牡丹芳》言："遂使王公与卿士，游花冠盖日相望……花开花落二十日，一城之人皆若狂。"梅花则被视为"高洁"，是志节自守、离世高蹈者的至爱。"梅华畏高寒，独向江南发"、"江南此物处处有，不论水际与山颠"。陆游答问"梅与牡丹孰胜"时曰："一丘一壑过姚黄（牡丹）。"

赏花下品品色，中品品香，上品品资，极品品境。牡丹与梅花均是极品，蕴含了中国传统文化的骨法与气韵、含蓄与写意、寄情与畅神、审美与意趣。唐时贵族豪门的偏爱和作为都市繁华宴游的社会属性，奠定了牡丹成为富贵、繁华生活象征的基础。宋时江南民众稠密，经济文化重心转移至仕民，商事初兴，梅花则兼得风土之利和人气之旺。二者审美地位的交替变迁，反映着唐宋以来中国政治、经济和文化区位格局的走势，也反映了"富贵"与"隐逸"、"平和包容"与"自强高洁"的时尚风潮在文化主体方面的变化。

美莫若花。从花"触发"的文化反思,对内是关于"中国美"的研读,对外则是对于"中国梦"的探索。习近平总书记所讲的"大家都在讨论中国梦。我以为,实现中华民族伟大复兴,就是中华民族近代以来最伟大的梦想",与"各美其美,美人之美,美美与共,天下大同"的观点本质统一。返身回顾,中国的"梦"与"美"休戚相关、不可剥离。放眼未来,全球化时代的中国"美"与"梦"则共迎挑战、共享机遇。这就更要求文化自觉先迈步向前,不能简单弘扬所谓的传统,也不能一味张扬西化。如果走极端,"各美其美"的尽头就是老子天下第一,其他人都不行;"美人之美"的尽头,就丧失了最基本的自信,什么都是别人的好。这两种极端的痛苦,我们都经历过,所以才更期待"中国美"的"美美与共"和"中国梦"的"天下大同"!

今天,"中国美"必须以全球标准进行重现和展示。世界日益趋平,虽然各类多元文化有同质化趋向,但更大的潜能其实在于激发文化的"差异多元化"。故 T. Friedmen 提出"地域全球化"(globalization of the local),他说,今日全球化新的趋平化阶段,并不意味着会有更多的美国化,而是多元的地方(民族)文化会越来越全球化。① R. Inglehart 则通过调查发现大规模文化变迁和继续保持独特文化传统的证据。他说,随着全球经济的发展,我们所看到的不是以西方文化普遍化的形式所表现出来的与日俱增的一致性,而是文明多样性的延续。这种延续是通过积极地重新创造和重新吸纳非西方文明模式而得以实现的……经济发展倾向于将不同的社会推到一个共同的方向上去,但是,这些社会并没有互相靠拢,而是行进在各自传统形成的平行轨道上。确实如此,在信息技术时代,"美"的展现需要重新定义:定性是美,定量也是美;文字是美,数字也是美。国人作

① [美]托马斯·费里德曼:《世界是平的》,湖南科技出版社 2008 年版。

出判断，仍习惯于重宏观、轻微观，重语言描述、轻数据分析。涂子沛先生在《大数据》一书中即认为问题的根源是数千年的传统文化，他引用严复"华风之弊，弊在作伪"之语，以论证在中国，数据是"任人打扮的小姑娘"。今之时代，云计算出现，导致万物皆联网，无处不计算。社交媒体出现，推动社会向智能时代迈进。人与人之间的合作会更精巧复杂，越来越多的资源能够自由交换整合，越来越多的对话以普世价值为原则，中国之"美"要为世界认知和尊重，也必须以全球标准重现和展示，必须与时俱进。

"中国梦"的实现则更需要全体国民的理性和建设性。中国经济正从以解决温饱为目标的生存型阶段，进入以人的自身发展为目标的新阶段。当前转型的主题就是要建设消费型、服务型、创新型经济，三者的核心是服务。服务业的繁荣发展是现代化的重要标志。从全球视野看，现代服务业是在工业化比较发达的阶段、主要依托信息技术和现代管理理念而发展起来、知识技术相对密集的服务业。需要重新审视服务的价值，IBM 公司就提出了"服务科学"的概念并对此展开研究。中国主导产业要过渡到现代服务业，也必须学习和发展服务的理念、知识和科学。更深入地看，过去三十几年改革开放和现代化的主题，基本上是各领域寻求制度和规则的建立，几乎是与 20 世纪 70 年代以来新一波的全球化同步的。但未来要从经济深化改革破题，过渡到政治和社会管理的现代化，就不得不追问，最终制度和规则建设将向何处去？公民与政府的服务关系将如何互动？在社会、文化和价值领域是否形成最终共识？毫无疑问，在全球化和现代化背景中推进制度和社会改革，离不开文化自觉的理性与建设性。

姚余栋先生嘱予为本书作序。曾获赠他《重燃中国梦想》之大作，可见作者多年不辍研究中国现代化问题，屡有新声。本书提出了中国消费社会变迁的新梅花时代，以此提炼消费升级的现象；也对经济转型到现代服务业进行结构性的展望，提出创新的牡丹范式；从经济学、社会学、哲学等多学科角度综论，实属难得探索之作。今天，我们不需要拣起任何一个所谓的传统来抵抗全球化，而是要思考建设一个什么样的未来世界以更符合我们所有人。放眼寰宇，以博大胸怀理解他人与自己，更要懂得对传统文化反思和再造。在离开时，让世界比我们初来时的"美梦"实现了一些，相信这是你我共同的心愿。是为序。

金陵华软投资集团董事长　王广宇

2014 年 5 月 25 日于三亚

文化自觉：全球化时代中国的美与梦

梅花与牡丹：中国文化身份表达①

　　中国文化博大精深，但却还缺乏具有渗透力的形象化的代表和国际化的表达，陷入"阐释的焦虑"（王岳川语）。本文希望在中国文化身份方面进行初步的探讨，提供一个了解中国文化身份的切入点。针对中国文化身份的阐述问题，作者认为，"梅花与牡丹"反映了中国文化独特的"双重性"，分别代表着自强不息、坚毅勇敢和大气庄严、雍容富贵。"梅花和牡丹"，既是中国文化抽象性的代表，也是形象化的代表。引申到中国经济中，"梅花与牡丹"构成中国的文化资本。中国经济正从"梅花时代"走向不忘"梅花精神"的"牡丹时代"。

文化繁荣的历史性机遇

　　文化是民族的血脉，是人民的精神家园。在中国最古老的哲学著

---

　　① 此文 2012 年在人民银行内部刊物《央行文苑》上发表，概要版在 2012 年《金融博览》上发表。

作《周易》中就有名句"观乎人文,以化成天下"(《贲·彖辞》)。可见,重视文化的力量在我国已有几千年的历史了。文化早已成为民族凝聚力和向心力的重要源泉。林语堂强调文化对中华民族的整体性作用,"所谓'中国人民',在吾人心中,不过为一笼统的抽象观念。撇开文化的统一性不讲——文化是把中国人民结合为一个民族整体之基本要素"。

《中共中央关于深化文化体制改革的决定》对中国文化作了经典概括:"文化是民族的血脉,是人民的精神家园。在我国五千多年文明发展历程中,各族人民紧密团结、自强不息,共同创造出源远流长、博大精深的中华文化,为中华民族发展壮大提供了强大精神力量,为人类文明进步作出了不可磨灭的重大贡献。"

新中国成立以来,特别是改革开放以来,中国现代化建设的进程不断加快,人均收入从贫穷跨越式迈向中等收入水平。1978年,中国人均国民收入(GNI)仅为190美元。经过30多年的努力,我们摆脱了极端的物质匮乏,走向了相对富裕的生活,人均国民收入2011年已突破5000美元。经济和物质的发展伴随着文化的发展。塞缪尔·亨廷顿在其名著《文明的冲突》中写道:"汤米·高大使1993年注意到,'文化复兴正席卷'亚洲。它包括'自信心日益增长',这意味着亚洲人'不再把西方或美国的一切看作必然是最好的'。这一复兴表现在亚洲国家日益强调各国独特的文化认同和使亚洲文化区别于西方文化的共性。这种文化复兴的意义体现在东亚两个主要国家与西方文化相互作用的变化上。"中国已经逼近刘易斯拐点,经济结构调整加速,消费正在逐步提高,大众文化消费崛起趋势不可低估。同时,服务业也将会大发展。在服务业中,文化产业是重要的组成部分之一。大众文化消费崛起和文化产业发展面临一个相得益彰、互增光彩的机遇。

中华民族伟大复兴既是经济复兴，也是文化繁荣。《中共中央关于深化文化体制改革的决定》富有远见地指出："中华民族伟大复兴必然伴随着中华文化的繁荣兴盛。"

中国文化的"阐释焦虑"

机遇总是与挑战相伴。中国文化面临着新的挑战，文化产业面临大发展，其中最迫切的问题之一应该是"阐释的焦虑"（王岳川语）。这是指如何精准阐述中国文化内涵和立场，然后顺利流畅且平和地完成"国际表达"。中国文化常常陷入"中国人看不懂，外国人不明白"的表达性"内外交困"。王岳川在《中国文化的战略远景展望》一文中说："在近现代中国，现代身份的'重新书写'首先遭遇到一种'阐释的焦虑'，即东方文化在现代化或所谓西化的进程中，成为西方文化凝视（gaze）中的次等文化。在西方虚构出的东方形象中，中国文化被屡屡误读和误解，因此，在对自我身份的阐释和对当今世界文化的阐释的'双重焦虑'中，难以正确书写自我身份。同时，中国文化的'自我镜像'聚焦颇为模糊。如何清晰地看待自己，既消除狂妄的'赶超'心理，又避免文化的'自卑'情结，成为清除自我文化镜像焦虑的关键。只有破除这种阐释性焦虑，使自己获得正确的阐释角度、健康的阐释心理，以及对对象（西方）和自我（东方）的正确定位，才可能真正进入'确认身份'时期。"

每个人在文化层面上都面临着"我是谁，我从哪里来，我要到哪里去"的人文拷问和纠结。我们能否明确地理解并阐述我们自身深厚的文化？如果不能清楚地回答这些问题，就会始终停留在世界文化互动中话语权孱弱的状态。

只有增强中国文化身份的渗透力和共鸣性，才能够真正做到文化的自觉和自信，乃至自强。中国文化博大精深、源远流长，需要简洁但有渗透力的代表。 在解决"阐释的焦虑"时，应避免盲人摸象的片面性和"只见树木，不见森林"的碎片化解释，需要对文化身份的聚焦性精准定义，从而有个"一言以蔽之"的简单且准确的轮廓。 我国国花的缺失是文化"阐释的焦虑"的一个典型例子。 目前，世界上已有100多个国家确立了自己的国花，中国是唯一尚未确立国花的大国。我国国花评选，牡丹、梅花胜过群芳，拥有前两名的呼声。 但在梅花和牡丹的两选一上僵持不下。 国花的空缺，成为许多重大仪式和庆典的遗憾。 国花选择的尴尬说明我们也不一定很了解自己的文化内涵，或者了解了也说不清楚。 我们的丑陋，或许来自我们展现不出自己的美丽。 同时，中国文化身份的定位需要大众化，更加贴近生活。 很多功底深厚的国学大师描写中国文化很深奥，一般人不大容易看懂。 文化产业繁荣需要大众化文化消费。

"阐释的焦虑"还有一个国际表达问题，即国际性的文化身份认同。 虽然"饺子与功夫"被视作中国文化的典型之一，但显然饮食与武术的深度和穿透力有限，无法准确代表中国文化的内涵。 随着中国对外投资迅速提高，海外并购的案例越来越多，跨文化的沟通和交流就越来越重要。 中国迫切需要"对外文化投资"，增强文化的国际影响力。

党中央已经看到了这个迫切性，《中共中央关于深化文化体制改革的决定》明确指出："当今世界正处在大发展大变革大调整时期，世界多极化、经济全球化深入发展，科学技术日新月异，各种思想文化交流交融交锋更加频繁，文化在综合国力竞争中的地位和作用更加凸显，维护国家文化安全任务更加艰巨，增强国家文化软实力、中华文化国际影响力的要求更加紧迫。"

一般地说，没有在中国生活足够时间，外国人很难弄懂中国文化。 100多年前，英国传教士亚瑟·亨·史密斯在《中国人的性格》

一书的《导言》中表达了对中国文化的困惑，直至今天，依然有一定的代表性："无论我们从哪个方面去看中国人，我们都会发现，中国人是而且肯定一直是一个谜。在过去的 30 年中，中国人已经使自己成为国际事务中一个重要的角色，被看作是压服不了的、具有神秘的韧性。在不少人的印象中，中国人是根本无法理解的矛盾体。"直至今天，外国人对中国文化印象要么感觉太复杂，要么还停留在形象化的代表"饺子和功夫"上。

《中共中央关于深化文化体制改革的决定》指出："文化引领时代风气之先，是最需要创新的领域。"时代呼唤对中国文化身份的凝练性定义。例如，在 2012 年全国"两会"上，全国人大代表、富润控股集团董事局主席赵林中建议，在全国开展提炼和评选中国精神活动。全国人大代表、泰州中学校长蒋建华也建议征集评选"中国精神"，进而以"中国精神"助推中国发展。两位代表呼吁尽快填补"中国精神"的缺失，期盼"中国精神"的诞生。

可见，中国文化的"中国立场、国际表达"的重要性越来越大。可以说，对这个中国文化身份"阐释的焦虑"的解答，是关乎中国文化发展前景的历史性回答。但这个回答并不容易。在"中国立场"上，应简单准确，而且适应大众化的文化消费；在"国际表达"上，中国文化身份要有跨文化的国际眼光，在中国和平发展中塑造"中国文化形象"，让中国文化在全球互动与合作中赢得主动性。同时，中国文化身份还要注意保持低调平和，为中国和平发展的大局服务。中国经济在全球的影响力越来越大，今天获得的影响和今后的发展趋势是在当时和今天都难以想象的。如果中国文化身份过分高调，可能会给中国经济未来发展带来不必要的阻力。

中国文化的双重性

传统世界观认为一个文化模式不能同时是它自己的对立面，没有两重性。例如，在经典力学中，研究对象总是被明确区分为两类：波和粒子。19世纪的机械物理学认为，要么具有波的特征，要么有粒子的特征，这两种特征在一种物质上不能同时存在。但是，传统世界观是片面的。1905年，爱因斯坦提出了光电效应的光量子解释，人们开始意识到光同时具有波和粒子的双重性质。波粒二象性（wave-particle duality）是指某物质既具有波的特征又具有粒子的特征。波粒二象性是量子力学中的一个重要概念，是一种客观的世界观，是20世纪世界观的一个重大飞跃。文化模式可能有"波粒二象性"，即特征是相反的或矛盾的现象可能同时出现。例如，美国学者鲁思·本尼迪克特运用文化人类学的方法，把日本文化模式归纳为"菊与刀"。恬美的"菊"是日本皇室家徽，凶狠的"刀"是武士道文化的象征。本尼迪克特用"菊"与"刀"来揭示日本人的矛盾性格，即日本文化的双重性（如爱美而黩武、尚礼且好斗、喜新而顽固、服从又不驯等）。

中国文化具有非常明显的双重性。这些文化模式体现在中国人表面相互矛盾的行为方式上。比如，中国人一方面沉稳坚毅，另一方面热情洋溢；一方面勤俭节约，另一方面时尚现代；一方面铮铮傲骨，另一方面又雍容华贵；一方面注重长远，另一方面敢于创新；一方面有高度的集体主义精神，另一方面也有张扬的个性……

关于中国文化双重性，有很多著名的论述。著名思想家梁漱溟先生指出，"两千多年间，中国人养成一种社会风尚，或民族精神，除最近数十年浸浸渐灭，今已不易得见外，过去中国人的生存，及其民族生命之开拓，胥赖于此。这种精神，分析言之，约有两点：一为向上之心强，一为相与之情厚"。林语堂揭示了这种表面矛盾性，"中国精神的最锐敏最精细的感性，是隐藏于那些不甚引人爱悦的表面后面。中国人的呆板无情的容貌底下，隐蓄着一种热烈的深情；沉郁规矩的仪态背后，含存有活泼豪爽的内心"。在国外读者看来，中华民族的这些思想、情感与行动充满着不可理喻的矛盾。我把它编入一个前后逻辑一贯的行为方式中，这种行为方式的基础也就是"文化的模式"。毛泽东在《中国革命和中国共产党》一文中写道："中华民族不但以刻苦耐劳著称于世，同时又是酷爱自由、富于革命传统的民族。"

在历史上，中国产生了很多著名的诗人、文学家，他们身上也能够体现中国文化的双重性。这里，我们仅以屈原为例。屈原的人格始终散发着强烈而恒久的魅力。千百年来，人们通过"端午节"吃粽子、划龙舟等传统，来纪念这位伟大诗人。一方面，屈原充满想象力和浪漫主义精神。屈原的《离骚》是我国文学史上著名的抒情长诗，以神话的方式描述了一系列幻境。"朝饮木兰之坠露兮，夕餐秋菊之落英。""驾八龙之婉婉兮，载云旗之委蛇。"全诗将神话、想象、历史和自然糅合在一起，以香草、美人等一个接一个的比喻寄托诗人的感情，想象力惊人，场面扑朔迷离，构成了一幅奇伟绚丽的浪漫画卷。另一方面，屈原具有坚忍不拔的毅力和坚贞不屈的爱国主义精神。"亦余心之所善兮，虽九死其犹未悔"表现了诗人坚如磐石的价值取向。《渔父》表现了屈原的高尚气节。渔父说："圣人不凝滞于物，而能与世推移。世人皆浊，何不淈其泥而扬其波？众人皆醉，何不哺其糟而歠其醨？何故深思高举，自令放为？"屈原回答："吾闻之，新沐者必弹冠，新浴者必振衣；安能以身之察察，受物之汶汶者乎？宁赴湘流，葬于江鱼之腹中。安能以皓皓之白，而蒙世俗之尘埃乎！"诗人的名句"路漫漫其修远兮，吾将上下而求索"是其执着精神的生动写照。既浪漫又坚贞，看似矛盾而不可能同时存在的两个特征，在屈原身上得到了完美的统一。

梅花与牡丹：中国文化身份表达

中国文字是象形文字，说明中国人的想象力是最丰富多彩的，这也是对中国文化"象形"地概括；反过来说，只有形象化的文化代表，才能更符合中国人的思维方式和表达习惯。

从花的角度，可以解读一部中国文化史。自古以来，中国"花"文化情结浓厚。我们欣赏花，不仅欣赏花的姿容，更欣赏花中所蕴含着的精神寓意和境界。同时，中国的"花"文化非常平民化，接近百姓生活，与大众文化消费相适应。而且，随着中国经济总量越来越大，其影响已经超出区域性范畴，更加带有全球性的意义。在历史和经济双重背景下，"花"文化更加平和低调，又不失魅力，可以"随风潜入夜，润物细无声"，便于跨文化的沟通和接受。

因此，作为一个对中国文化痴迷但又不是文化专业的经济学工作者，我斗胆班门弄斧，把中国文化身份尝试性地用"花"文化来表达，并概括为"梅花与牡丹"。

中国"花"文化在选择上具有高度的一致性。20 世纪 80 年代初，曾经有评选国花的工作。在对中国国花的讨论中，兰花、菊花、荷花等也都曾被广泛讨论，但最后都集中在梅花和牡丹上。早在 1982 年，北京林业大学园林学院教授、花卉专家陈俊愉院士，首次发表文章倡议以梅花为中国的国花。1988 年，他又主动提出以梅花、牡丹作为中国的"双国花"。2005 年 7 月 22 日，当时 62 名中国科学院、工程院院士联合倡议，呼吁尽快确定中国的国花，并提出将梅花、牡丹确定为"双国花"的建议。这个消息当时在网上引起强烈反响。在随后搜狐网发起的网上调查中，有 7084 人发表了意见。在"你中意的国花"调查中，牡丹和梅花的支持率分别高达 41.4% 和 36.4%。尽管"双国花"的建议最终还没有被采纳，但国人对梅花与牡丹的文化偏好已经很明确，不会有第三种选择了。换句话说，我们喜欢"梅花与牡丹"的原因就是我们的文化身份可以用"梅花与牡丹"进行很好的表达。

"梅花与牡丹"给我们提供了重新审视自我的切入点。"梅花与牡丹"与其说是花的名称，不如说是中国文化符号。牡丹千姿百态，是个体化、多样化的代表。相对于牡丹的欣赏口味，观赏梅花更多的是一致性的审美体验。梅花自强不息、坚毅勇敢；牡丹则意味着大气庄严、雍容富贵。梅花与牡丹，既是中国文化抽象性的代表，也是形象化的代表。可以说，"梅花精神"早已成为中华民族凝聚力的重要源泉；而"牡丹精神"早已成为中华民族创造力的重要源泉。梅花与牡丹构成了一枚硬币的两面。

贯穿中华民族文明历史的，是在苦难中坚强不屈、在辉煌中光荣绽放的"梅花与牡丹"精神。距今 3200 多年前，《诗经》有一首《摽有梅》的诗："摽有梅，其实七兮！求我庶工，迨去吉兮……"梅花有着中华民族所具有的坚忍不拔、高洁傲岸的品质。无论是白天还是黑夜，梅花都在凛冽的寒风和冰雪中顽强地挺立着。在经历了严寒考验之后，我们才能够看到梅花的盛开。毛泽东高度赞扬梅花："风雨送春归，飞雪迎春到，已是悬崖百丈冰，犹有花枝俏，俏也不争春，只把春来报。待到山花烂漫时，她在丛中笑。"梅花象征坚忍不拔、不屈不挠、奋勇当先、自强不息的精神品质。而牡丹在魏晋南北朝时期就已开始栽培。在唐代，素有国色天香之称的牡丹契合了盛唐的社会心理，被誉为"万花之王"。"惟有牡丹真国色，花开时节动京城"，"三条九陌花时节，万户千车看牡丹"，从这些诗句中，仿佛还可依稀看到唐人对牡丹的狂热。

绵延万年的中国文化，其生命力如此强大，充分说明了"梅花精神"。考古学证据表明，新石器革命于距今 1 万至 7000 年间在世界上

6个地区独立发生。中国文化应该产生于新石器时代早期，距今已有1万年历史，而不是通常认为的5000年。中国文化也是当今世界上唯一未曾中断的文化形态。在商朝以前，汉字还没有发明，所以没有文字记载。但这并不意味着没有中国文化。新石器时代早期，一个部落首先点燃了农业革命的熊熊大火，经济革命造就了文明裂变，这个文明的火种撒播在中国大地上。新石器时代中期，炎帝族和黄帝族的逐渐融合，创建了炎黄部落。炎黄部落在黄河中游崛起，经济规模和人口规模迅速增长。在新石器时代后期，形成了中国各个部落的大统一，诞生了早期类国家形态，并与黄河洪水泛滥进行了多次艰苦卓绝的斗争，留下了大禹治水的英雄传说。商朝时中国文化就已经发展成亚洲诸文化形态中最辉煌的文明形态，而世界上其他文明的地基则出现了深刻的裂缝。斯塔夫理阿诺斯在《全球通史》中写道："与印度文明的不统一和间断相比，中国文明的特点是统一和连续。中国的发展情况与印度在雅利安人或穆斯林或英国人到来之后所发生的情况不同，没有明显的突然停顿。当然，曾有许多游牧部族侵入中国，甚至还取某些王朝而代之；但是，不是中国人被迫接受入侵者的语言、习俗或畜牧经济，相反，是入侵者自己总是被迅速、完全地中国化。"①在世界最初的几大文明中，只有中国在历史的消长起伏中，以其薪火相传的绵长文化传统，成为整个世界文明史中仅存的硕果。鲁迅曾精辟地用梅花作过一个比喻："中国真同梅树一样，看它衰老腐朽到不成一个样子，一忽儿挺生一两条新梢，又回复到繁花密缀、绿叶葱茏的景象了。"

绵延万年的中国文化，随着外界沧海桑田般的环境变化和冲击，历久弥新、与时俱进、创新包容，充分说明了"牡丹精神"。《诗经》

---

① ［美］斯塔夫里阿诺斯：《全球通史》，北京大学出版社2006年版。

中就有"周虽旧邦，其命维新"的诗句。中国文化创新求变精神，是从远古时期开始，有商代文字的发明，有周礼的繁盛，穿越悠悠老秦和强汉盛唐等时期，到宋明儒家的出现，再到近代"中华民族"概念在应对民族前所未有的生存危机中的横空出世，还到新中国社会主义文化的建立和发展，演绎了一个文化不断创新的故事。例如，1840年鸦片战争以来，中国命运多舛，这种突如其来的外部冲击导致了强烈的自我意识和文化觉醒。在中华民族最危险的时候，"中华儿女"等文化概念好像井喷一样涌现出来，不计其数地见诸民族危亡时刻的书刊报纸，成为广泛使用的流行词语，成为号召与激励海内外华人共同抗战的一面旗帜。这本身就是一个重大的文化创新，代表了"牡丹精神"。新中国成立后，产生了雷锋精神。随着时代的变迁和进步，人们对于雷锋精神的理解也越来越具有时代的特色，开展的各项志愿公益活动，成为学习雷锋的重要载体。50多年来，雷锋精神始终传承在社会中，代表了新时代的"牡丹精神"。

中国经济的发展，充分体现了"梅花与牡丹"精神二重性，拥有强大的文化资本。中华民族吃苦耐劳，长期保持高储蓄率，这是支撑当前中国经济高速增长的重要因素。从这个特征来说，中国经济具有梅花精神。但另一方面，高储蓄率只是支撑中国经济增长的必要条件，人们越来越意识到多样化的需求和消费对经济的可持续健康发展的重要性。特别是，随着中国逐步进入老龄化社会，中国经济增长的动力会发生根本性改变。在摆脱基本的物质匮乏之后，服务业发展加速，对消费的多样性追求和文化消费开支的扩大，要求经济发展模式必须转变过去以资本投入为主的增长模式，转向追求创新和以需求为导向的增长新路径，而这就要求中国经济更加彰显牡丹精神。牡丹精神是创新求变和海纳百川的包容精神，增加了每个人的选择机会，是创新和创业精神。中国经济在"梅花与牡丹"文化资本的交相辉映下，继续保持着持续发展的生机与活力。

结束语：中国立场，国际表达

随着中国经济的发展，中国文化繁荣发展的大趋势为"中国立场、国际表达"创造难得的历史性机遇。中国文化还缺乏较有渗透力的形象化的代表和国际化的表达，陷入"阐释的焦虑"。毫无疑问，中国有条件有能力为世界提供一个具有亲和力和魅力且低调的文化身份识别。这一关键在于文化发展和创新。

马克斯·韦伯曾经说过："任何一项伟大事业的背后，都必须存在着一种无形的巨大的精神力量。更为重要的是，这种精神力量一定与该项事业的社会文化背景有密切渊源。"①《中共中央关于深化文化体制改革的决定》更深刻地指出："优秀传统文化凝聚着中华民族自强不息的精神追求和历久弥新的精神财富，是发展社会主义先进文化的深厚基础，是建设中华民族共有精神家园的重要支撑。"中国文化绵延万年而不衰，苦难辉煌、古老年轻、统一多元、稳健张扬、传承创新，既是威武厚重的"老古董"，也是嗷嗷待哺的"新生儿"，既如此古老又如此年轻，既高度统一又海纳百川。一言以蔽之，就是中国有"梅花与牡丹"精神。

中国的发展与世界的发展是不可分的。中国的和平发展，协和万邦，就需要跨文化对话和沟通，就需要进一步增强文化国际影响力。"梅花与牡丹"为理解中国文化提供了一个较低调且有魅力的身份代表，可以成为国际上了解中国文化的一个切入点。"梅花与牡丹"是对中国文化身份的认同，是"文化自觉"的需要。然而，"文化身份"自身远远不是中国文化的全部。换句话说，"梅花与牡丹"可以

---

① ［德］马克斯·韦伯：《新教伦理与资本主义精神》，上海人民出版社 2012 年版。

用于理解与解释中国文化的一些整体性本质性现象，但由于这种理解与解释的视角具有超越历史与时代的特征，我们不能简单地认为就此可以理解中国文化，尤其是中国文化如此博大精深又源远流长。这进一步呼唤对中国文化身份的更深层的理解。

按照世界银行的划分标准，我国已进入上中等收入国家。目前，正处于历史性转变时期，从高储蓄向消费转变，从传统生产型经济向服务型经济转型，从以"引进来"为重点的开放战略向"引进来"和"走出去"并重的开放战略转变。面对这些在较短时间内发生的重大转变，有必要弘扬"梅花与牡丹"的精神，进一步解放思想、更新观念，迎接中国消费崛起和文化产业大发展，从"梅花时代"进入不忘"梅花精神"的"牡丹时代"。

第一篇

梅花与牡丹：
中国文化模式初探与经济展望

第一章　中国文化与经济发展

一、梅花与牡丹：中国文化的代表

文化是人类生存的第二自然,是社会历史实践过程中所创造的物质财富和精神财富的总称。我们的老祖宗就非常重视文化的力量。在中国最古老的哲学著作《周易》中就有"观乎人文,以化成天下"(《贲·彖辞》)之说,意思是说,观察人类文明的进展,就能用人文精神来教化天下。《中共中央关于深化文化体制改革的决定》对中国文化作了经典概括:"文化是民族的血脉,是人民的精神家园。在我国5000多年文明发展历程中,各族人民紧密团结、自强不息,共同创造出源远流长、博大精深的中华文化,为中华民族发展壮大提供了强大精神力量,为人类文明进步作出了不可磨灭的重大贡献。"中华文明源远流长,中国文化生生不息、代代相传。作为四大文明古国之一的中国,在其发展延续的漫长历史时期中,形成了自己灿烂多彩的文化,对东方各国诸如日本、朝鲜、越南产生了非常深远的影响。那些与中国并时开放过文化之花的民族,大多凋落消亡;只有她,一直延续至今,文化未曾中断,民族未曾灭亡,在这三四千年中,不但延续着,中间还不断释放文化的盛彩。

一个民族只有保持清醒的自我认识、自我反思的能力,才能永葆青春;反之,它将失去滋润生命的源头活水,浑浑噩噩地迷失,邯郸学步。但遗憾的是,中国文化博大精深,难以简单地概括,更是缺乏具体的代表。虽然"饺子与功夫"被视作中国文化的典型,但显然饮食与武术无法准确代表中国文化的内涵。国花选择的尴尬和困境也说明我们也不一定很了解自己的文化。

国花以自己国内特别著名的花作为国家的表征,象征着悠久的历史文明和灿烂的文化,象征着民族团结的精神,具有高度精华的人格美德,因此,为各国人民高度重视,反映了人民对祖国的热爱和浓郁的民族感情,并可增强民族凝聚力。很多国家以自己国内特别著名的花作为他们国家的象征,并赋予其一定的含义,这就被称为"国花"。

全世界约有花卉3万种,原产于我国的花卉就有1万~2万种。世界上的许多国家特别是欧洲国家为此赞誉"没有中国花卉的花园,便不成花园"。目前,世界上已有100多个国家确立了自己的国花,中国是唯一尚未确立国花的大国。新中国成立以来,我国一直没有国花。从20世纪80年代开始,评选国花的工作才正式启动。在对中国国花的讨论中,兰花、菊花、荷花等也都曾被广泛讨论,但最后都集中到梅花和牡丹上,而且梅花和牡丹也确实代表了不同的含义。1982年,北京林业大学园林学院教授、著名园林学家、园艺教育家、花卉专家陈俊愉院士,首次发表文章倡议以梅花为中国的国花。1988年,他又主动提出以梅花、牡丹作为中国的双国花。但是,历经20多年,几经起伏,由于意见分歧太大,始终未有结果。

美国学者鲁思·本尼迪克特运用文化人类学的方法,把日本文化模式归纳为"菊与刀"。恬淡静美的"菊"是日本皇室家徽,凶狠决绝的"刀"是武士道文化的象征。用"菊"与"刀"来揭示日本人的矛盾性格,即日本文化的双重性(如爱美而黩武、尚礼而好斗、喜新而顽固、服从而不驯等),进而分析日本社会的等级制及有关习俗。

国花的缺失主要是由于对国花代表性认同上的分歧,而这种差异主要集中在梅花与牡丹上。由此,姚余栋2012年在《梅花与牡丹:中国文化身份表达》一文中提出,中国的文化也可以概括为"梅花与牡丹"。

"梅花与牡丹"给我们提供了许多可资利用的视角——重新审视自我的视角。梅花是坚贞不屈的精神象征,牡丹则意味富贵繁荣。牡丹和梅花,彼此有着一种文化意味上的分别。牡丹是大众化的,是普通大众欣赏品位的代表。相对于牡丹的群体欣赏口味,观赏梅花更多的是一种个体的审美体验,因为它历来被更为敏感的知识分子所喜爱。无疑,梅花及其象征的精神,是由历代知识分子总结赋予的。时乖命蹇的时候,他们以梅花自我期许,并且把梅花人格化,甚至"梅妻鹤子"。普通大众在勤苦劳作之余,可怜而有限的感官之娱,必然指向色彩浓烈喜庆的东西,比如牡丹;而审美意义上的梅花之"瘦",却可能无法激起甚至无暇激起他们内心的共鸣。

二、中国的经济奇迹与模式变迁:梅花精神与牡丹精神

梅花与牡丹构成了一枚硬币的两面。这些文化模式体现在中国人表面相互矛盾的行为方式上。比如,中国人一方面热情洋溢,另一方面含蓄坚定;一方面温文尔雅,另一方面敢于冒险;一方面有高度牺牲精神,另一方面也有张扬的个性。林语堂揭示了这种表面矛盾性,"中国精神的最锐敏最精细的感性,是隐藏于那些不甚引人爱悦的表面后面。中国人的呆板无情的容貌底下,隐蓄着一种热烈的深情;沉郁规矩的仪态背后,含存有活泼豪爽的内心"。在国外读者看来,中华民族的这些思想、情感与行动充满着不可理喻的矛盾。我把它编入一个前后逻辑一贯的行为方式中,这种行为方式的基础也就是"文化的模式"。

60年前,钱穆在他的《文化学大义》中说:"今天的中国问题,乃至世界问题,并不仅是一个军事的、经济的、政治的,或是外交的问题,而已是一个整个世界的文化问题。一切问题都从文化问题产生,也都该从文化问题来求解决。"这个说法,在许多人看来,会认为是一种文化还原论,即

将所有的问题都归结为文化问题。

我们不是文化研究者，仅仅是个经济学工作者。中国文化与中国经济有着非常相似的地方，那就是两者都具有非常复杂的特性。中华民族吃苦耐劳，长期保持高储蓄率，这是支撑当前中国经济高速增长的重要因素。从这个特征来说，中国经济具有梅花精神。但另一方面，高储蓄率只是支撑中国经济增长的必要条件，人们越来越意识到多样化的需求和消费对经济的可持续健康发展的重要性。特别是随着中国逐步进入老龄化社会，特别是 1980 年后独生子女一代开始成为经济的主流，中国经济增长的动力将发生根本性改变。在摆脱基本的物质匮乏之后，对消费的多样性追求和消费开支的扩大，要求经济发展模式必须转变过去以物质投入为主的增长模式，转向追求创新和以市场为导向的增长新路径，而这就要求中国经济具有牡丹精神。

梅花精神：中国工业化体系的初步建立

1949 年新中国成立时，我国还是一个农业国家，基本上是一穷二白。如何实现国家的富强，成为当时领导人面临的迫切选择。在当时可供中国借鉴的无非是三种道路：一是美、英等老牌资本主义国家工业化模式，从发展轻工业起步，逐步提高资本等要素积累，在资金等要素提升后，再来发展重工业；二是德、日等后发资本主义国家模式，利用国家干预的力量，对内加大税收，扶持私人部门迅速积累工业化所需资金，并通过对外掠夺扩张资源，从而迅速发展重工业和军事工业；三是社会主义国家苏联的道路，通过对经济实行国家的高度计划，对内实行高积累、高投入，以保证优先发展重工业和军事工业。

虽然从比较优势来看，中国缺少发展重工业的资金技术等资源，但新中国成立后受国际条件的限制，特别是经历了朝鲜战争之后，中国迫切地渴望实现工业化和国家的富强。因而，循序渐进地实现工业化对于当时的中国来说仍然过于漫长。而且，苏联计划经济的成功，也为中国提供了一个可供选择的模式。

中国与苏联都是社会主义国家,两国的经济发展思想都受到马克思主义政治经济学的指导。列宁在马克思社会资本再生产理论的基础上提出了生产资料优先增长的规律,这个理论在斯大林时期修订并于1954年出版的《政治经济学教科书》中具有非常重要的地位,成为指导二战后很多社会主义国家经济发展的重要理论。生产资料优先增长的规律,也就意味着生产生产资料的第一部类生产,要快于为生产生活资料的第二部类制造生产资料的生产。按照列宁的话说,就是增长最快的是制造生产资料的生产资料的生产,其次是制造消费资料的生产资料的生产,最慢的是消费资料的生产。因此,重工业化就成为工业化模式的一个自然的选择。苏联计划经济的成功也是按照这个理论实行的。例如,在苏联的第一个五年计划中,制造生产资料的工业投资占85.9%,而制造消费资料的工业投资仅占14.1%。事实上,长期以来,苏联经济的一个重要弊端就是轻工业发展严重滞后于重工业和军工工业。苏联有着全球最先进的导弹、飞机,但电视、汽车等日用消费品却只给人留下了傻大黑粗的印象。

事实上,优先发展重工业不仅仅是社会主义国家的选择。在20世纪50年代很多殖民地国家独立后,也采取了"进口替代"等策略,试图优先发展重工业,迅速实现工业化,而这也与当时刚刚兴起的发展经济学"结构主义"密切相关。美、英等传统资本主义国家循序渐进的工业化道路,主要是以亚当·斯密等新古典经济学指导下,通过市场"看不见的手"发挥作用逐渐引导实现工业化。但是,在结构主义者看来,发展中国家实际发展过程并非是一个渐进、乐观的过程,反而是一个非连续的过程。就供给方面而言,由于技术过程的某些特点或是因供给方面的某些约束,不发达国家要素市场上的供给曲线往往是非连续的;在需求方面,不发达国家的需求曲线也是非连续的,这种非连续性起源于需求的互补

梅花与牡丹:中国文化模式初探与经济展望

性或不可分性。而受 1940 年克拉克三次产业划分理论的启发,并在库茨涅茨国民经济核算工作的影响下,主张通过政府干预,采取"大推进"(Big Push)、"大爆炸"(Big Bang)等政策,推进资本积累并迅速实现工业化。

由于在新中国成立初期尽快实现工业化的强烈愿望,中国很自然地采取了优先发展重工业的战略。在第一个五年计划中,用于制造生产资料的工业投资占 88.8%,制造消费资料工业的投资占 11.2%,这显然有苏联"一五"经济计划的影子。重工业初始投资规模庞大,资本密集,资本有机构成相对比较高,大部分设备需要从国外引进,而且建设周期长,回报缓慢。这些特征决定了发展重工业必须要大规模进行资本积累与供给,而在新中国成立初期我国农业和轻工业均十分落后的情况下启动重工业的优先发展,这种需求与当时的资源禀赋产生了直接的矛盾。为了保证经济剩余的积累流向重工业部门,就需要对经济资源实行集中的计划配置,并通过对企业的国有化改造和农业集体化构建相应的微观经营机制。只要采取优先发展重工业的战略,就要求国家将有限的经济资源和经济剩余向重工业聚集。因此,中国的重工业化战略更需要节制消费,将有限的资源投入生产建设中。

在新中国成立后近 30 年的时间里,中国居民的消费水平是非常低的,人民生活经历长期的凭票供应的物资匮乏时代,"一袋面、二两肉、三两油"成为很多中国人难以忘怀的记忆。虽然经过"大跃进"和"文化大革命"等动荡时期,工业结构遭到破坏,比例关系失调,工业发展严重受挫,但中国人民仍然通过自力更生、艰苦奋斗,凭借坚忍不拔的梅花精神,建立了一批新的工业部门和工业基地,初步形成了独立的比较完整的工业体系,实现了"两弹一星"的研制成功。

牡丹精神:国民经济调整和改革开放

在新中国成立前后,中国的决策也并不是非要走重工业优先发展的道路。新中国成立前后,党的主要领导人曾多次表示,在新民主主义革命胜利之后,不可能马上进行社会主义革命,而要先经过新民主主义的过渡阶段,尽可能地利用城乡私人资本主义的积极性,打好基础,以利于国民经济的向前发展,将来通过和平竞争和赎买的方式逐步进入社会主义。从理论上讲,按照后发国家的要素禀赋实际,需要有个发展的"过渡期",这一"过渡期"的长短主要取决于影响经济和社会发展的要素禀赋结构的实际。应当说,这个体制类似于计划和市场并存的"双轨制",与苏联建立之初实行的"新经济政策"非常类似,更符合中国的经济社会发展实情,体现了经济学意义上的比较优势原则。

遗憾的是,朝鲜战争的爆发及国际形势的变化,使中国提前结束了新民主主义革命阶段。由于受到以美国为首的西方国家外交上、经济上、军事上的封锁,迫使中国必须发扬自力更生、艰苦奋斗的精神,迅速地建立起比较完整的、自成体系的工业体系。为此,中国也付出了沉重的代价。农、轻、重等国民经济重大比例关系的严重失调难以解决,比较严重的城乡二元分治问题趋于僵化,三农问题代价沉重。优先发展重工业战略的持续推进,导致了经济关系比例严重失调。相反一再要求加快工业建设速度,片面"以钢为纲"的"大跃进",一度造成农、轻、重等国民经济重大比例关系的严重失调,城乡二元经济难以有大的改变,城镇化缓慢,农业劳动力无法转移,比较优势无法发挥,农民、农业、农村落后的局面非常严重。由于没有市场竞争机制,非公有制经济缺失,导致许多国有企业和农村合作社效率低下,没有竞争力。优先发展重工业的赶超战略在初期或一定时期内均有不俗的绩效,但长期排斥市场和竞争所带来或积累的弊端陆续在许多发展中国家显露出来,并逐步恶化。

在国家要素禀赋不具备的情况下,长期优先发展重工业战略,经济的停滞和恶化几乎是不可避免的。从教训来看,经过几十年的沉淀,不仅没有实现赶超,甚至还拉大了与发达国家的距离。为此,求新求变、实

梅花与牡丹:中国文化模式初探与经济展望

事求是的牡丹精神发挥了重要的作用。中国开始独立探索适合本国发展的模式。事实上,"一五"计划尚未结束,决策层就试图作出调整。1956 年,毛泽东在政治局扩大会议上作了《论十大关系》的报告,指出要重视处理好重工业与轻工业、农业,沿海工业和内地工业,经济建设与国防建设等十个方面的重要关系,初步总结了我国社会主义建设的经验,提出了探索适合我国国情的社会主义建设道路的任务。1959 年的庐山会议本来也是为了纠正"大跃进"中"左"的问题。1962 年"七千人大会"后,提出了"调整、巩固、充实、提高"的八字方针。

尽管这些主动的检讨调整由于各种原因未能得到有效坚持,甚至发生了"文化大革命"的浩劫,但灵活务实、求真善变的牡丹精神始终没有消失。正是"穷则变,变则通"的古老智慧,安徽小岗村 18 个农民以敢为天下先的勇气按下鲜红的手印,在党的十一届三中全会的号召下,中国终于在 1978 年迎来了改革开放的新时代。

正如林毅夫在考察各国经济发展成败的经验和教训时的发现,凡是推行"赶超战略"的国家,经济增长与发展都没有取得成功。不仅苏联和东欧、中国等一些实行社会主义计划经济的国家选择赶超战略没有获得成功,而且一批实行资本主义制度的发展中国家选择赶超战略或进口替代战略也没有获得成功,没有实现其赶超的愿望。例如,位于拉丁美洲的阿根廷、乌拉圭、智利和玻利维亚等资本主义国家,他们的人均收入在 19 世纪末与德国相差无几,经历了一个世纪以后,目前仍处在经济上困难重重,财富分配两极分化,广大人民生活水平发展缓慢的不发达状态之中。在亚洲,20 世纪 60 年代曾被认为经济方面仅次于日本的菲律宾,现在也处于混乱、停滞的状态。

作为后进国家,要素禀赋结构的特征是资本的严重缺乏和劳动力的过剩以及技术的落后。在通过扭曲要素价格和其他经济管制推行重工业化的情况下,所能做到的也仅仅是把有限的资本倾斜配置到几个产业上,与此同时必须压抑其他产业和非国有经济的发展。如此一来,受压抑产业和非国有经济提供不了资本积累。赶超战略所扶持的产业部门,由于不符合要素禀赋的比较优势,只好依赖于扭曲价格和国家保护政策(如金融支持、市场管制、贸易壁垒)才得以生存,因此,这些产业必然是缺乏效率、竞争能力和自生能力的。比较优势所形成的畸形产业结构与劳动力丰富的要素禀赋结构形成矛盾并抑制了对劳动力的吸引,相当大规模的人口长久处于贫困之中的状况难以改变。经济发展的真实含义不是依赖几个重工业产业鹤立鸡群式地孤立增长,而是国家综合国力的提高。某些产业资本密集程度的提高,必然降低其他产业的资本密集程度,也就不能在整体上缩小与发达经济在资本和技术水平上的差距。对于一个处于落后地位的经济来说,所要寻求的发展,应该遵循比较优势的原则来实现要素禀赋结构的提升或人均资本占有量的增加。

从日本和亚洲"四小龙"的发展经验来看,它们在经济发展的每个阶段上,都能够发挥当时要素禀赋的比较优势,而不是脱离比较优势进行赶超。一个共同的规律是,随着经济发展、资本积累、人均资本拥有量提高,要素禀赋结构得以提升,主导产业从劳动密集型逐渐转变到资本密集型和技术密集型,乃至信息密集型上面。这种在经济发展上遵循比较优势的原则可以称之为比较优势战略。

重工业优先发展战略曾使苏联成为战后世界上唯一能与美国形成均势的大国,但苏联走向衰落并最终崩溃的教训也恰恰在于没有能够及时地调整自己的工业发展战略。在建立了发达的重工业体系、奠定了国家工业化的强大基础之后,却没能及时地将工业发展战略从重工业优先调整到大力发展轻工业、不断提高人民生活水平上来,经济增长的模式也没有及时地由粗放型调整到集约型上来。应该说,改革开放正是中国吸取了这方面的教训,主动调整由优先发展重工业向符合本国比较优势的发展模式的转变。实行优先发展重工业战略,一定时期内的确是必要的,也产生了一定的积极效果,为改革开放后中国工业综合配套能力提升和大发展提供了前提保证。作为一个伟大的尝试,改革开放在一开始也并没有一个固定的模式,只是根据中国的比较优势,采取"摸着石头过河"的策略,"计划为主,市场调节为辅"、"有计划的商品经济"、"国家调节市场,市场引导企业"到最终确立建设"社会主义市场经济",随着理论认识的逐步深化,迅速解决温饱,成功实现小康目标,并向全面建设小康社会的目标迈进。中国的经济发生了翻天覆地的变化,30 多年经济增长率高达近 10%,并在 2010 年超过日本成为全球第二大经济体。

三、投资、储蓄和消费:人口结构与经济展望①

高投资、高储蓄和低消费:高增长经济的阿喀琉斯之踵?

改革开放后,在中国经济取得飞速发展、人民生活水平显著提高的同时,经济增长方式转变与结构调整逐渐成为人们关心的话题,特别是投资和储蓄过高、消费过低成为越来越突出的问题。在重工业优先发展的计划经济时期,虽然为了实现赶超的战略目标采取了压低工资和消费的政策,但由于当时生产力水平确实非常低,必须满足人们的生存需求,因而那个时期经济的消费率并不低,基本上在 70% 左右。但是,改革开放后,随着经济的发展,用于支撑投资的储蓄迅速增长,居民消费占GDP 的比重逐年下降,到 2011 年已降至历史最低的 47.4%,这也是全球最低水平之一。显然,为了实现经济的快速增长,在生活条件明显改善的同时,中国将更多的资源用于投资当中,这也是对过去高增长的合理解释。

但是,显然,投资过高而消费过低的经济结构是不可持续的。我国

---

① 本节及下节部分内容源自尹兴中、李宏瑾:《人口结构变迁与经济转型动力》,中国人民银行营业管理部工作论文 2012 年第 4 期。

在 20 世纪 90 年代初就提出经济发展模式转型,由粗放式增长转向集约式发展模式,但将近 20 年过去了,中国的经济仍然是一个以投资为导向的经济。最近 10 多年来,经济对出口的依赖进一步加强,净出口占GDP 的比重一度高达 8.8%(2007 年),只是由于全球金融危机的影响才有所下降。总的来看,中国经济在高速增长的同时,已形成了过度依赖投资和出口拉动的格局。积累和投资过高而消费过低,这似乎与重工业优先发展时期类似,因而这一模式是不可持续的。

确实,无论从国际经验来看还是从我国经济实际来看,目前的高投资、高储蓄和低消费问题非常严重。国际上,消费率大多都在 60%~70%,部分发达国家(如美国)一度高达近 90%。就我国自身来说,过低的消费率实际上是不利于经济增长的,而近年来消费率已低于 50%且仍然呈现下降趋势。毕竟资本报酬边际效率是递减的,过度投资只能导致生产效率下降,而这也正是 10 多年前东亚金融危机爆发的重要原因。

但是,应当看到,目前的高投资、高储蓄也有其合理之处,毕竟高储蓄率是支撑投资的重要因素,而且中国的投资也并非完全没有效率。中国工业企业的投资回报率依然很高,目前净资产回报率高达 18%左右。20 世纪 90 年代中期以来,这一回报率一直处于上升的趋势当中。2011年的回报率有所下降,但是依然保持高位。较高的投资回报率说明,经济中并不缺乏投资的机会,宏观经济增长仍然具有活力。根据白重恩等人的研究,中国除税后的资本回报率在 10%左右,基本上等于实际增长幅度。中国人民银行营业管理部的一项研究也表明,通过行业计算的经济增长值仍然是非常可观的,投资仍然是有效率的。因此,目前的高投资率是有其合理的微观基础的。同时,扩大消费、改善经济发展模式的提法也并一定非常恰当。正如张军教授指出的,这样做很可能只会引发通货膨胀。20 世纪 80 年代,我国企事业单位的工资奖金分配总额曾超过国民收入(当时叫国民收入超分配),结果反复出现通货膨胀。只有在经济严重萧条时,扩大消费方能作为短期救急政策,因为经济萧条时,社会库存大幅度增加,刺激消费可以消化库存,对防止经济进一步下滑有一定积极作用。

事实上,中国消费率的下降也并非是近年来特有的现象。自20世纪70年代以来消费率就开始出现下降的趋势,是一个稳定渐进的过程。在消费率逐步下降过程中,经济保持了高速增长,这说明这一下降还是有其合理性的。这与1959年"大跃进"消费率突然由之前的70%以上下降至56.6%所造成的经济崩溃,是完全不同的。

即使是不考虑统计误差的因素,人们对中国高储蓄率也进行了很多的讨论。正如周小川行长指出的,东亚国家普遍储蓄率较高,这与东亚儒家文化密切相关。东亚家庭结构紧密,社会对家庭依赖程度高,家庭承担着赡养老人、抚育子女等大量社会责任。同时,人口结构和经济增长阶段对储蓄率也有着非常重要的影响。根据弗兰克·莫迪利亚尼的生命周期假说,壮年人口在总人口中比例增加,会使个人储蓄增加以备将来养老、医疗之需。在经济高速增长时期,过多的收入转化为储蓄,也导致储蓄率高于正常比例。另外,东亚金融危机也进一步增加了各国预防性储蓄动机。这些因素都可以解释中国的高储蓄率。

在上述对储蓄率的解释中,我们认为人口结构和经济增长阶段是最为重要的因素。虽然文化与储蓄率关系密切,但我们也可以观察到,同样是作为西方文化的拉美各国消费率就非常高,虽然不是很富裕但很多拉美居民拿到工资后很快就花光了,因而储蓄率非常低。目前的欧债危机中南欧国家与北欧国家的区别,很难说文化因素在其中起到非常重要的作用,而更多的是欧元设计制度上的缺陷所致。中国人口结构的变化和当前的增长阶段,能够有效地说明当前的高储蓄率问题。这一点,我们可以从美国经济的变化中得到类似的结论。

婴儿潮对美国经济的影响

早期的增长模型,如哈罗德(Harrod,1939)—多玛(Domar,1946)模型及索洛(Solow,1956)模型都表明,人口变化趋势是推动经济变化的最基本因素之一。虽然内生增长理论更强调技术进步、人力资本等其他因素,但考察人口变化始终是观察经济长期发展趋势的一个非常重要的视角。

第二次世界大战后的 1946 年至 1964 年,是美国出生人口的高峰期,这 18 年被形象地称为婴儿潮时期。在美国,婴儿潮一代大概有 7600 万人口,而目前美国人口刚好突破 3 亿,也就是说婴儿潮一代占到美国总人口的四分之一。而且根据美国统计局的数据,其中 15～64 岁的人口约有 2 亿,这是美国社会的中流砥柱,也是消费力量的核心,而婴儿潮一代所占比例近四成,所以说无论如何强调婴儿潮一代对于美国社会的重要性都是不过分的。在婴儿潮一代成长的 19 世纪 60 年代,也是美国经济高速增长的时代,对新生人口的抚养带动了玩具、卡通、流行音乐的大发展。随着婴儿潮一代逐步进入经济生活,在过去的 30 年里,每一次的经济起伏都有婴儿潮一代的影子,特别在 1980 年到 2007 年的这段时间内,婴儿潮一代在美国的经济活动中扮演着极其重要的角色。20 世纪 80 年代,婴儿潮一代开始成为美国经济活动中的主角,当时他们年龄为 16～34 岁,成为最先接受股票作为自己退休保障的一代。到了 20 世纪 90 年代,婴儿潮一代(26～44 岁)已经全部进入工作的年龄段,成为美国劳动力的中坚力量。

美国著名经济学家、前总统克林顿和布什的经济顾问保罗·皮尔泽(Paul Pilzer)曾指出,"婴儿潮出生的人虽然只占现美国人口的28％,但所创造的经济价值却占美国整体经济 10 兆美元的一半,婴儿潮人口创造了历史上最大的股市涨幅、房屋需求、国际航空、个人计算机、电脑网络和运动休闲工具的需求"。可以说,20 世纪 80 年代中后期以来美国

梅花与牡丹:中国文化模式初探与经济展望

经济的快速发展和全球经济的"大缓和",与婴儿潮一代成为主要经济活动的中坚力量密切相关。

20 世纪 80 年代初,在第二次石油危机冲击下,美国陷入严重的经济衰退,而婴儿潮一代(16~34 岁)刚刚进入社会,在他们的努力下美国走出了经济危机,并逐步成为美国社会的主力军。20 世纪 90 年代初,美国同样经历了衰退,婴儿潮一代(26~44 岁)已经成为美国社会的中坚力量并且掌握了主要的社会财富,经济危机虽然对他们造成了影响,但是危机过后,他们又很快重新站起来,并且创造了美国历史上最长的经济扩张期。即使是新经济泡沫崩溃和"9·11"事件也没有冲垮美国经济,婴儿潮一代(36~54 岁)已经进入了壮年,他们在工作岗位上有固定的收入,并掌握了大量的财富,通过金融和房地产的发展,摆脱了危机的影响。

但是,随着时间的推移,如今婴儿潮一代已开始退出经济活动,人口红利高峰的消退对美国经济产生了非常重要的影响。由图 1.1 可见,图中间的垂直黑线代表婴儿潮高峰后的 20 年,也即婴儿潮一代正式进入经济活动的时期,也即美国的人口红利高峰期。由图 1.1 可见,无论是累积国际收支、消费占 GDP 的比重、消费负债占 GDP 的比重及制造业就业,在这个阶段都发生明显的反转。而此次金融危机的爆发,很大程度上是与婴儿潮开始退出经济活动,并过多依赖金融财富引发资产泡沫崩溃有关。当然,由于美国实行比较宽松的移民政策,经济创新能力较强,因而总体来看美国人口变化对其影响虽然显著(由图 1.2 可见,15~64 岁的人口仍然增长),但程度并未如日本那样强烈,因而对美国经济的影响也并非完全悲观。我们在后面还会结合日本的情况作进一步的分析。

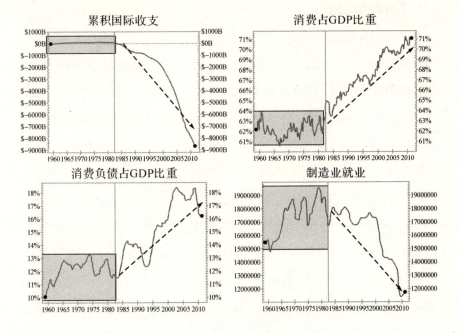

图 1.1　美国婴儿潮对美国经济的影响

注：图中间垂直黑线代表大批婴儿潮时期出生的人 20 多岁的时候。

资料来源：路透社。

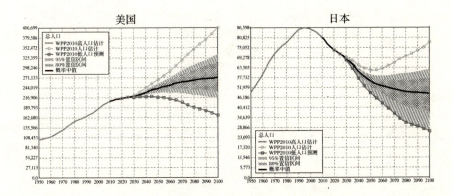

图 1.2　美国和日本 15～64 岁人口变化情况

资料来源：*United Nations，World Population Prospects（2010 Revision）*

第一篇

梅花与牡丹：中国文化模式初探与经济展望

中国的婴儿潮

新中国成立后,大致经历了三次婴儿潮。一是新中国成立后,由于国民经济的恢复和发展,人民生活有了显著改善,人口死亡率下降,自然增长率激增。当时,著名的人口学家马寅初就意识到人口过快增长问题,指出 1953—1957 年,中国人口很可能已超过 1953 年人口普查得出的年增值率为 20‰的结果,并提出了控制人口的主张。但是,当时的中国领导人并没有意识到人口压力的问题,而是采取鼓励生育的政策,从而形成了 20 世纪 50 年代的第一次婴儿潮。

20 世纪 50 年代,中国人口只有 5 亿多,基数相对较小,所以这次婴儿潮人口的绝对数量相对不大。不过,新出生的人口还是对资源分配产生非常重要的影响。特别是在"大跃进"等冒进政策下,中国人口在 1960 年前后出现了明显的萎缩,也结束了第一次婴儿潮。但是,随着 1962 年调整政策的作用,经济形势开始好转,补偿性生育来势很猛。从 1965 年开始一直持续到 1973 年,形成新的生育高峰,形成我国历史上

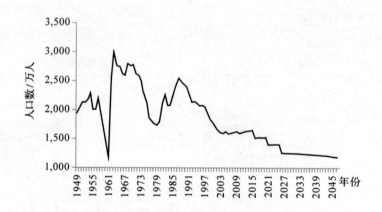

图 1.3　1949 年以来中国的新生人口数量

注:根据人口出生率计算而得,2011 年之后数据根据 *United Nations*, *World Population Prospects*（2010 *Revision*）计算而得。

资料来源:Wind。

出生人口最多、对后来经济影响最大的主力婴儿潮,如图1.3所示。这一时期,中国人口出生率在30‰~40‰之间,平均达到33‰,10年全国共出生近2.6亿人。占目前全国总人口数的约20%。目前,这批婴儿潮一代大多在37~47岁之间,已成为中国经济的中坚力量。

随着20世纪60年代婴儿潮一代逐渐进入婚育阶段,80年代中国又迎来了一个新的人口生育高峰。特别是在1986—1990年是出生人口最多的5年。虽然由于计划生育政策,此次婴儿潮出生人口总量不及主力婴儿潮,但1981—1990年这10年共出生了2.5亿人,仅略逊于上一拨婴儿潮。目前人口众多的"80后"一代也已长大,陆续成家立业。在21世纪的前15年,中国将迎来新一轮的婴儿潮。以此类推,每次婴儿潮平均都会有20~30年的周期。

第三次婴儿潮与消费转型

与前两次婴儿潮明显不同的是,第三次婴儿潮的成长条件已不可同日而语。如今,第三代婴儿潮已逐渐成为社会的中坚力量,在中国经济中起到了决定性的主导作用。由于这一代人绝大部分都属于独生子女,物质条件较好,因而其消费观念上也与前一代人存在明显的差异。尽管如今的"80后"大都走上了工作岗位,已经或者正准备成家生子立业,在物质追求上也逐渐成熟和从容,但这一代人表现出非常明显的个性化、品质化、超前化的特征。

如今,一个很明显的变化是,消费求新求变,流行周期缩短。经济实力的提升,在释放消费欲望的同时,使得人们的消费更加趋于自由,能够根据自己个人喜好来选择消费的机会增多。城市居民在消费的过程中,越来越显示出注重个性和求新求变的特点。根据《中国中高收入城市居民时尚指数研究报告》发现,74.5%的人希望自己的服饰、用品和别人的不一样,有自己的特点。2010年,城市居民平均每人添置了4.6件衣物,20世纪80年代出生的年轻人追新求异的特点更加明显,衣物添置频率最高,为 6.4 件。从前那些被人们认为可以长期使用的耐用消费品,也变成了可以快速更换的消费品。据调查,中高收入城市居民中,16.5％的消费者不到 1 年就会更换手机;数码相机、个人笔记本电脑、私家轿车等高价位产品也出现了快速更新的趋势。高更换频率使得越来越多的消费物品实际利用率降低,流行周期不断缩短。一个新品推出后会在更短的时间内受到市场的热烈追捧,但很快其所受关注的程度便会降低,然后被更新的产品超越。差异化需求使得产品在消费过程中产生了内在的竞争力,产品选择趋于多样化,居民消费空间不断扩大。

奢侈品消费更能说明这一点。《世界奢侈品协会 2010—2011 年中国奢侈行为心理趋向报告》分析,2011 年中国城市奢侈品的主流消费人群年龄在 22～45 岁,平均比欧洲奢侈品消费群年轻了 15 岁,比美国奢侈品消费群年轻了 25 岁!全球奢侈品的消费平均水平是个人财富的 4％,但中国的一些年轻消费者却用个人财富的 40％甚至更大的比例去购买奢侈品。这个现象表明中国的第三次婴儿潮一代追求超前消费,可以说是"未富先奢",不过现象的另一面也恰恰说明,新的社会中坚表现出更加突出的个性追求,因为奢侈品消费很大程度上就是为了突出个性的炫耀式消费。虽然由于刚刚进入社会,当期收入不高,但根据生命周期理论,青年人的高消费很可能是对未来前景预期乐观的体现。

中国年轻人的住房消费也是不可忽视的重要力量。与发达国家明显不同的是,中国人对自有住房有着更为强烈的偏好。根据联合国欧洲经委会的统计①,目前发达国家住房自有率大多在 70％以下,如美国在全球金融危机之前也仅为 68％,加拿大为 64.7％,瑞士、德国甚至仅在40％左右。但是,根据中国人民银行营业管理部对北京市的调查,北京

---

① 李宏瑾、徐爽:《住房自有率、经济增长与社会发展》,《南方经济》2009 年第 8 期。

市住房自有率高达 83.1％。随着第三次婴儿潮更多地进入结婚生子的阶段,未来中国房地产市场,尤其是大中城市房地产市场,仍然有着坚实的需求支撑。

四、人口结构与未来长期经济影响:梅花与牡丹人口趋势估算

梅花和牡丹的人口结构划分与趋势估计

1978 年,中国开始改革开放,从而迎来了新的经济发展阶段,而此时 20 世纪 50 年代出生的婴儿潮一代要么刚刚步入经济生活,要么即将结束“上山下乡”并成为经济活动的主力;而 60 年代第二次婴儿潮一代开始进入社会经济生活的时期。可以说,新中国成立后迅速增长的新生人口是中国经济“人口红利”的主要来源。正是由于人口结构和快速的收入增长,使得这一代人积累了大量的财富,而这也与目前我国高投资、高储蓄、低消费的发展情况相吻合。因此,我国当前的储蓄消费结构,人口等经济基础因素,发挥了重要的作用。新中国成立后的两次婴儿潮一代主要生长在物资匮乏的年代,在改革开放初期进入社会成为经济活动的中坚力量。虽然其中一部分人由于历史的原因无法获得高等教育,甚至正常的教学也被人为打断,但他们普遍接受了完整系统的基础教育。与之前的中国人一样,改革开放前的绝大部分中国人都是受到了两种体制、两种思潮的影响。特别是对于两次婴儿潮一代,他们的价值观形成阶段,正处于新旧思潮碰撞、新旧体制变革的时期,现实环境和他们所接受的价值观之间产生了许多矛盾和冲突。这一代人,一方面有求知与变革的热情,但大多数人更愿意获得一份稳定的工作,待在一个安全的位置上;他们喜欢简单的人际关系,但往往表现出来的却是复杂的状态;他们喜欢储蓄、消费思想较保守、依赖经验,注重商品价值。从文化的价值取向来看,新中国成立后到 80 年代之前出生的中国人,更多地具有梅花特有的坚忍不拔、吃苦耐劳的精神,因此我们将其定义为“梅花世代”。

第一篇

梅花与牡丹:中国文化模式初探与经济展望

20世纪80年代的婴儿潮一代实际上是60年代婴儿潮一代的回声,2000年以来,第三次婴儿潮一代逐渐进入社会经济生活。虽然第三次婴儿潮一代也会进入婚育阶段而形成一个生育小高峰,但由于经济社会的迅速发展,人们越来越偏好于减少生育,这与发达国家(如日本)的"少子化"非常类似。经济发展到一定阶段,人们的结婚年龄大为延迟。许多人选择不结婚,离婚率上升,夫妇减少生育,全国生育率降低,而计划生育政策更是强化了这一作用。80年代的婴儿潮一代可以说是我国非常特殊的一代,也可以说是"独生子女一代"。在他们成长过程中,接受的都是新的观念和事物,更喜欢创新和冒险,对物质追求有着强烈的自我意识,而这也恰恰是牡丹精神特有的气质。因此,我们将80年代以来出生的人口,定义为"牡丹一代"。

新加坡咨政李光耀在其回忆录中谈到,影响中国追赶世界工业国家步伐有以下几个因素:一个是中国台湾问题;二是迅速的城市化问题;三是沿海与中西部省份之间生活水平的差异日益拉大的问题;四是年轻一代迥异于前辈们的价值取向和人生观,而这又是影响最深远的因素。正如李光耀所说,对中国发展影响最深远的因素是年轻一代的价值取向和人生观。经济基础决定上层建筑,物质决定意识。今后这一代人将发挥怎样的影响,还要看他们在现实环境中被动或主动选择何种价值取向。在过去经济高速发展的20多年里,人口的文化素质得到了提高,由此而衍生的还包括生活方式、意识形态以及消费方式等变化。随着独生子女一代逐渐成为社会的中坚,中国今后数十年关于政治、文化、经济等各主要方面的发展趋势将毫无疑问与这一代人的现实处境以及教育、文化、价值观等诸多因素密切相关。因此,对中国人口结构及梅花世代和牡丹世代的估计,成为我们关心的问题。

这里,我们以《中国人口统计年鉴》各期有关人口自然增长率、出生率、死亡率及各年龄段人口死亡率数据,以及联合国世界人口展望对中

国未来人口的估计数据,通过永续盘存法,对梅花人口和牡丹人口进行估计,人口比例情况大致如图 1.4 所示:

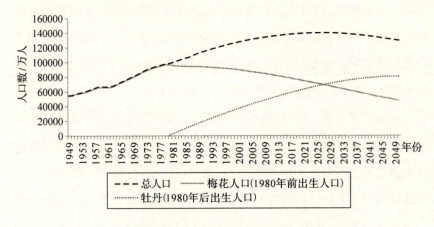

图 1.4　我国总人口及梅花、牡丹人口估计及其趋势

由此图可以发现,根据联合国人口展望以正常生育率水平估计的结果,我国人口将在 2026 年达到顶峰,为 13.96 亿人。根据我们的估算,就是在这一年之后不久的 2028 年,1980 年之后出生的人口将首次超过1980 年之前出生的人口。20 世纪 60 年代的婴儿潮一代(1965—1973年出生)在这一年正好开始退出经济活动(64 岁及以上),并在未来几年陆续退出经济活动。中国的发展在 2020 年之后将主要依靠牡丹人口,也就是第三次婴儿潮一代。人口结构的变化,对中国未来的经济有着深远的影响。

人口结构变化的特征

人口年龄构成是 2010 年第六次全国人口普查数据的重要看点,特别是劳动年龄人口的比例和老龄化人口的比例。数据显示,中国 60 岁及以上人口占 13.26%,较 2000 年第五次人口普查时上升 2.93 个百分点,其中 65 岁及以上人口占 8.87%,较 2000 年上升 1.91 个百分点。这说明中国老龄化进程逐步加快,有关中国人口结构老龄化以及刘易斯拐点到来的话题也因此再次引起热议。我国的人口结构转变,是社会经济发展和计划生育政策双重作用的结果,由于不同年龄阶段人群的劳动参与度有较大差别,同时我国当前还存在着二元经济特征,我国劳动力数量不仅受不同年龄阶段劳动参与度的影响,同时还受农村剩余劳动力人口数量的影响。根据我们的估算和联合国人口展望报告的数据,可以发现我国人口和劳动力变化具有如下几个特征。

一是刘易斯拐点迅速临近,农村剩余劳动力转移基本完成。诺贝尔经济学奖得主刘易斯在人口流动模型中提出了刘易斯拐点的理论,即农村富余劳动力过剩向短缺的转折点,是指在工业化过程中,随着农村富余劳动力向非农产业的逐步转移,富余劳动力逐渐减少至消失。随着劳动力数量的增长,农业中劳动的边际产出量降为零。此时,农业部门中存在大量的隐性失业,劳动力成本保持相对低廉,当工业部门规模不断扩大直到将农村剩余劳动力全部吸收完,这个时候工资便出现了由水平运动到陡峭上升的转变,宏观上体现为劳动报酬在国民收入中的比重提升。刘易斯拐点在中国台湾经济发展过程中得到充分验证,许松根等台湾历史学家的研究认为,中国台湾劳动力剩余终结于 1968 年。南进亮对日本的研究识别出其刘易斯拐点大致是在 1960 年前后。而白暮凯对韩国的研究表明,韩国大约是在 1970 年前后进入刘易斯拐点。

根据国家统计局的农业普查公报,2006 年年末,农村劳动力资源总量为 53100 万人,除去农村外出从业劳动力 13181 万人,全国农业从业人员 34874 万人,剩余劳动力 5045 万人,而根据"十一五"规划,2006—2010 年全国要实现 4000 万农村劳动力的转移就业,假设这一计划顺利完成,则整体农村能进一步转移的人数只剩下 1045 万人。根据国家统计局公布的分产业就业数据,我国第一产业就业人员由 2005 年的 33970 万人,减少到 2009 年的 29708 万人,减少 4262 万人,也就是说

"十一五"规划提出的农村劳动力转移就业任务已经提前完成。同时需要注意的是,2006年年末,全国农业从业人员中,41～50岁年龄段的占23.1%,51岁以上的占32.5%,40岁以上农业从业人员占到全部农业从业人员的一半以上,这部分劳动力由于年龄较大,转移非常困难。在"十二五"规划中,进一步提出了稳步推进农村人口向城镇人口的转移,可见农村剩余劳动力流出的步伐将是一个基本的趋势。我国剩余劳动力可供挖掘的空间已基本消耗殆尽。目前,虽然理论界对中国是否进入刘易斯拐点仍有很大争论,但一个共识是,中国将很快出现刘易斯拐点,劳动力供给和需求将发生根本性转变。

二是抚养比将触底回升,劳动人口比重将加速下降。抚养比又称抚养系数,是指在人口当中,非劳动年龄人口对劳动年龄人口数之比。现实经济中,人口分为未成年人口、劳动力人口、老龄人口三类。通常,未成年人指14岁以下的儿童,老龄人指65岁以上的老人,抚养比指非劳动力人口数与劳动力人口数量之间的比率,它度量了劳动力人均负担的非劳动力人口的数量,即:"总抚养比=(老龄人口+未成年人口)/劳动力人口=老龄人口抚养比+未成年人口抚养比"。抚养比越高,表明劳动力人均承担的抚养人数就越多,意味着劳动力的抚养负担就越严重,而老龄人口抚养比则相对更为直接地度量了劳动力的养老负担,因此人口老龄化的结果将直接导致老龄人口抚养比不断提高,所以老龄人口抚养比,也是需要重点关注的指标,如图1.5所示。

就理论而言,抚养比变化所形成的人口红利在很多国家都会出现,但欧美等发达国家经济发展的历程比较长,而许多新兴工业化国家尤其是东亚国家经济在短时间内迅速起飞,因此人口结构的变化对经济的影响会比发达国家具有更强的显著性。我国的儿童抚养比在1965—1973年的婴儿潮中达到高峰,随后逐步下降,已从1970年的71%下降至2010年的28%,而这个下降幅度将在未来逐步放缓,未来

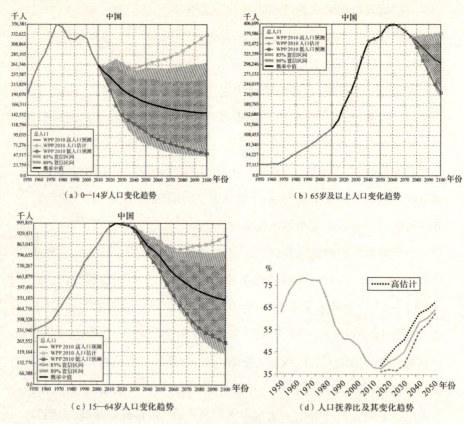

（a）0—14岁人口变化趋势

（b）65岁及以上人口变化趋势

（c）15—64岁人口变化趋势

（d）人口抚养比及其变化趋势

图1.5　中国人口结构及其趋势

资料来源：*United Nations，World Population Prospects*（2010 Revision）

几十年都将基本维持在 25％ 左右。老年人抚养比的走势则相反，在 2010 年前略有上升，基本维持在 10％ 左右，但在 2010 年之后的上升速度则会加快。根据联合国的估计，我国总抚养比的拐点出现在 2010—2015 年，抚养比仅有 40％ 左右，而在此之后则会较快回升。

与此对应，随着我国人口老龄化程度提高，劳动人口占全部人口的比重将加速下降。就劳动参与度而言，我国 25～50 岁年龄段人口的劳动参与度最高，达到 90％ 以上，而 65 岁以上的劳动参与率不到 20％，老龄化将使全部人口的劳动参与率显著下降，在人口增长放缓的情况下，这一问题将更加突出。第六次全国人口普查登记的全国总人口约为133972万人，较2000年第五次人口普查增加7390万人，年平均增长0.57％，比1990—2000年年均1.07％的增长率下降了0.5％；同时，0～14岁人口的比重下降6.29％，60岁及以上人口的比重上升2.93％。人口结构的变化对劳动力市场有深刻的影响，这也意味着传统的经济发展模式将面临更大的压力。

三是低端劳动力供给减少，整体教育水平提高。与刘易斯拐点加快到来、劳动力供求形势明显改变同步，由于地区间产业转移，大量中西部农村劳动力选择省内就近就业，这势必造成沿海发达地区低端劳动力供给的相对短缺，造成民工荒。与此同时，2010年第六次全国人口普查数据表明，中国居民的全社会受教育程度明显提升，人口素质快速提高，每10万人中具有大学文化程度的由2000年的3611人上升为2010年的8930人。随着国家对教育的进一步财政支持，我国人口的受教育水平还将继续提高。

人口结构与经济转型

我国人口结构和劳动力市场的变化趋势分析表明，我国的刘易斯拐点即将到来，整体劳动力特别是低端劳动力供给增速将出现下降，老龄人口上升，整体居民受教育水平将持续提升。这种人口结构的变迁将对我国经济产生多方面的影响。

一是消费人口比重的上升将促使消费率提升。根据生命周期假说，在人口构成没有发生重大变化的情况下，全社会的边际消费倾向是稳定的，消费支出与可支配收入和实际国民生产总值之间存在一种稳定的关系。但是，如果一个社会的人口构成比例发生变化，则边际消费倾向也会变化；通常在一个社会中30～50岁阶段的人口是净储蓄人口，如果净储蓄人口占总人口比重下降，则社会整体的边际消费倾向会有所提高。消费率偏低，过度依赖投资一直是我国经济转型中需要解决的问题。根据对人口结构的分析,我国的总人口中净储蓄人口比重在 2010 年后将逐步下降,净消费人口比重相应提高,当更多的人口进入生命周期中的消费阶段,整体社会消费率也会提升,这意味着一直以来我国消费率偏低的问题将随之改善,如图 1.6 所示。

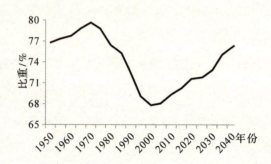

图 1.6　我国消费人口比重

数据来源:United Nations, World Population Prospects (2008 Revision)

二是劳动力素质提升将推动产业结构调整。1997 年以后,我国教育制度开始改革,扩大了招生规模,这使我国毕业学生的平均受教育年限大幅度提高,在 10 年内提高了 1.5 年。未来 5～10 年中国的教育还将继续发展,毕业生受教育的年限将继续提高。根据《国家中长期人才发展规划纲要(2010—2020 年)》,我国的整体人力资本水平在未来 10 年将有显著提升,人才资源总量从现在的 1.14 亿人增加到 1.8 亿人,增长 58％,主要劳动年龄人口受到高等教育的比例将翻一倍,我国的人力资本状况将逐步向发达国家靠近,人力资本投资占国内生产总值比例将达到 15％,人力资本对经济增长贡献率将达到 33％,整体经济效率将持续提升,如表 1.1 所示。

表 1.1　我国人才发展主要指标

指标	单位	2008 年	2015 年	2020 年
人才资源总量	万人	11385	15625	18025
每万劳动力中研发人员比例	人/万人	24.8	33	43
高技能人才占技能劳动者比例	%	24.4	27	28
主要劳动年龄人口受过高等教育的比例	%	9.2	15	20
人力资本投资占国内生产总值比例	%	10.75	13	15
人才贡献率	%	18.9	32	35

数据来源:《国家中长期人才发展规划纲要(2010—2020 年)》

劳动力素质的持续提升为我国产业结构调整提供了条件。服务业发展不足、过度依赖出口,已经严重阻碍我国产业升级和劳动报酬比重提升(李稻葵、刘霖林和王红领,2009)。而国际比较的结果表明,服务业占 GDP 比重同该国的劳动力素质密切相关,全球主要国家服务业产值占 GDP 比重和 25 岁以上人口平均受教育年限的相关系数达到 0.82,如图 1.7 所示。国民受教育水平的提升和低端劳动力的减少,将使劳动密集型企业的劳动力成本有所上升,但从长期看,这将有利于我国减少对出口部门的依赖性,有利于提高一次分配中劳动力所获份额,有利于促进产业转型,从而整体提升居民的福利水平。

三是人口结构转变从需求方面为服务业发展提供了空间。随着老龄化年代的到来,我国医疗、养老以及居民服务的需求将持续提高,而相关产业的就业缺口亦将显著凸显。以医疗卫生领域为例,根据卫生部《2010 中国卫生统计年鉴》提供的数据,从 1980—2008 年,我国 65 岁以上老龄人口比重提升了 3% 以上,但每万人的医师数却基本没有变化,人均医疗服务资源水平远远低于日本、韩国,如表 1.2 所示;而我国的人口老龄化趋势意味着更多的医疗、养老服务需求,这为相关产业的发展

梅花与牡丹：中国文化模式初探与经济展望

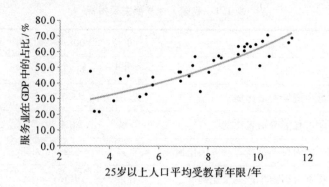

图 1.7　人力资本与服务业发展存在相关性

资料来源：CEIC。

提供了必要基础。

表 1.2　我国和韩国、日本医疗服务资源比较

		中国（每万人）	韩国（每万人）	日本（每万人）
医疗资源	执业医师	14	17	21
	口腔医师	1	14	7
	注册护士	10	44	95
	医疗床位	30	86	139

数据来源：《2010 中国卫生统计年鉴》。

五、居民资产负债估计

美国的婴儿潮一代对经济的增长起到了重要的作用，他们是美国社会的中流砥柱，也是消费力量的核心。婴儿潮一代于是成为最先接受股票作为自己退休保障的一代。从 1982—1990 年的这段时间，美国的股市一直在涨，婴儿潮一代也享受着投资股票所带来的丰厚收益，投资股票也成了这一代人的习惯，到了 20 世纪 90 年代大概每 10 个美国人中有 4 人投资股票，而在 1950 年只有 10% 左右的美国成年人拥有股票。

婴儿潮一代在金融市场繁荣的熏陶下，风险偏好要比前辈强得多，美国的高科技泡沫就是在这样一个背景下出现了。到了20世纪末，婴儿潮一代进入了35～53岁的年龄段，也成为美国社会最为富有的阶层。从1992—2003年的10年，婴儿潮一代中70%的人财富增长超过了一半，20%的财富增长多于25%。在未来的10年内，他们还要从他们的父母那里继承约7.2万亿美元的财富。

当然挣得多花得也多，为此美国人不得不加大负债。自20世纪90年代起，美国的储蓄率就一直在下降。二战后，美国个人储蓄存款总额占个人可支配收入的比例在70年代达到顶峰（近10%）。在婴儿潮一代进入社会经济生活的同时，信用卡文化也逐渐得到普及，婴儿潮一代成为首先完全接受信用卡的一代人。从1980—1990年，美国的信用卡支出增长超过5倍，同时每个家庭所持卡的平均额度翻了四番。个人储蓄存款总额占个人可支配收入的比例在80年代降至8.27%，并在90年代开始大幅度下降，到2005年已降至最低的1.5%。美国全部抵押债务余额在2008年二季度高达14.7兆美元。债务的扩张带来了繁荣，但也为危机埋下了隐患。次贷危机和全球金融危机的爆发，就与美国居民高资产负债率有关，很多学者将其归结为"资产负债表衰退"或"资产负债表危机"。可见，对居民资产负债表的估计，有着非常重要的意义。从长远来看，中国人口结构对经济发展有着深刻的影响，而资产负债表的变化对应对未来可能出现的问题，有着非常重要的意义。因此，我们尝试对中国居民资产负债表进行估计。

目前，我国还缺乏对中国居民资产负债表（特别是金融资产负债表）的微观调查数据，因此我们只能通过宏观数据对中国居民的资产负债情况进行大致的估计。刘向耘、刘慕鸿、杨娉（2009）利用中国人民银行编制的资金存量表数据，对我国居民的资产负债表进行了分析；易纲、宋旺（2008）对中国金融资产结构进行了估计；刘国风、房琬欣（2011）也对中国居民财富进行了估算。从现有的研究来看,在中国居民的资产负债表的内容上,资产主要包括金融资产和实物资产;而负债主要是银行贷款。金融资产主要包括流通中的货币、存款、证券(股票和债券)、金融机构理财产品、养老金等。实物资产主要是城镇居民和农村居民的房地产以及家庭耐用消费品,家庭耐用消费品主要是汽车。居民负债主要由银行贷款构成,而且以抵押中长期贷款为主。因此,我们需要对中国居民金融资产负债存量和实物资产存量分别进行估计。

中国人民银行调查统计司在我国资金流量表的基础上,编制了资金存量表,从而得到我国居民金融资产存量数据,刘向耘、刘慕鸿、杨娉(2009)就是利用这个数据得到居民部门的金融资产和负债情况。不过,他们的研究只限于2004—2007年4年的数据。不过,我们可以根据他们对金融资产的分类及资金流量表,利用宏观数据对居民金融资产负债情况进行估计,我们将其数据延长至2010年。需要指出的是,在他们对金融资产的估计中,并没有考虑到社会保障、理财产品的情况,我们在估计中进行相应的补充。

存款资产为居民本外币储蓄存款余额数据。证券资产中,国债为柜台市场余额数据;股票市值根据上交所和深交所流通市值及个人投资者持有A股流通市值占比计算而得,其中,2004年数据为资金流量表存量数据;基金净值包括股票型、债券型、混合型、货币市场及QDII等各类型基金年终净值。本币通货、证券客户保证金和保险准备金根据资金存量表和流量表数据估算而得。社保基金数据来自Wind。理财产品余额数据来自银监会各年年报,其中2007年数据根据2008年募资额增长情况估计而得。耐用消费品(即汽车存量价值)估算方法与刘向耘、刘慕鸿、杨娉(2009)相同。2007年之前的居民负债数据为资金存量表数据,之后数据根据新增贷款数据计算而得。住房抵押贷款数据来自CEIC。房地产价值方面,城镇房地产价值根据人均居住面积和住房均价及城镇人口数估计而得,农村住房价值根据农村房屋造价和人均面积及农村人口数估计而得。

　　由表 1.3 可见,通过对 2004—2010 年中国居民资产负债的估计,我们至少可以得到如下几点结论:一是居民资产规模增长迅速。6 年间,中国居民总资产年均增速高达近 20%,这与同期 10%左右的宏观经济增速密切相关。二是金融资产增速要快于实物资产和房产增速。虽然 2004—2010 年是中国房价上涨最快的时期,但金融资产增速较全部资产增速快 1.3 个百分点,相应地,实物资产和房地产增速则较资产总额增长低 0.5 和 0.7 个百分点。金融资产快速扩张,但实物资产(主要是房地产)仍然是居民最主要的资产。三是流动性金融资产最为重要。流动性资产(通货＋存款)占据最大份额,证券类金融资产及其他金融资产(主要是养老金和保险准备金)份额逐年提升,说明我国金融仍处于不断深化之中。四是居民负债迅速扩张,但仍然处于较为健康的水平。随着房地产市场和按揭贷款的迅速增长(6 年间,按揭贷款年均增速高达 25.8%),我国居民负债增长迅速,但整体负债率仍不到 7%,总的来看居民资产负债水平仍然是比较健康的,未来发生金融风险的可能性较低。

姹紫与嫣红——
中国经济新常态下的消费崛起

表 1.3　我国居民资产负债表估计

（单位：亿元）

年份	2004	2005	2006	2007	2008	2009	2010
总资产	622598.09	741985.44	866488.87	1128595.74	1202375.32	1548927.42	1792018.53
金融资产	180379.92	209987.88	254023.15	348069.5	371768.48	474051.58	550949.36
本币通货	17820	19945	22469	25211	28613	31936	37377
存款	126199.01	147142.8	166720.06	176367.1	221564.5	264762.3	307252.3
本币存款	119555.39	141051	161587.3	172534.2	217885.7	260771.7	303302.5
外币存款	6643.62	6091.8	5132.76	3832.93	3679.12	3990.63	3949.82
证券	16081.51	16553.38	28684.21	92265.6	54191.94	94192.73	106774.4
国债	3449.5	4435.1	5747.7	11777.08	14280.68	20123.08	25510.18
股票	9409	7427.12	14371.9	47732.62	20522.59	47374.21	56291.68
基金净值	3223.01	4691.16	8564.61	32755.9	19388.67	26695.44	24972.49
证券客户保证金	1673	1958	5214	14149	8809	11165	10428
保险准备金	14113	18315	22680	27097	35181	43577	49215
社保基金累计结余	4493.4	6073.7	8255.88	11236.6	15176.04	18941.55	22902.66
养老金	2975	4041	5488.88	7391.4	9931	12526.09	15365.28
理财产品				1743.2	8233	9477	17000

年　份	2004	2005	2006	2007	2008	2009	2010
实物资产	442218.17	531997.56	612465.72	780526.24	830606.84	1074875.84	1241069.17
房地产	419469.52	504926.75	579205.2	739407.14	781339.91	1015264.1	1167899.94
城镇	353925.16	430891.57	492718.33	645373.7	678385.51	900372.7	1041899.44
农村	65544.36	74035.18	86486.87	94033.44	102954.4	114891.4	126000.5
耐用消费品	22748.65	27070.81	33260.52	41119.1	49266.93	59611.74	73169.23
总负债	29431	32972	39636	50652	57662	82232	110900
银行贷款	29431	32972	39636	50652	57662	82232	110900
短期	10044	11077	13422	15896	18803	26373	35441
中长期	19387	21895	26214	34756	38859	55859	75459
住房抵押贷款	15920.32	18859	22700	30000	33500	48022	61818.2
净资产	593167.09	709013.44	826852.87	1077943.74	1144713.32	1466695.42	1681118.53

六、从文化视角看中国经济新常态下消费的崛起和风险："盛世悖论"

第二次世界大战后,世界经济经历了前所未有的高增长。人们集体性失忆了,处于非理性乐观状态,忘却经济生活存在的巨大的危险。2007年爆发的国际金融危机已经过去7年了,欧盟和日本在长期停滞的边缘奋力挣扎,新兴市场在全球流动性大潮退去的时候风雨飘摇,美国经济强劲复苏,但已经"小马拉大车",指望其带动全球经济复苏,是勉为其难。中国经济也因规模和影响尚小,难以驱动全球经济。在这"无领导"的阶段,2012年,全球公共债务占GDP比例已经高达80%,发达国家公共债务占GDP比例甚至超过100%,而且在继续加重,全球经济可能跌入债务陷阱的深渊而难以自拔。人们普遍感到忧郁和沮丧,焦虑情绪席卷全球。

在世界经济疲软之时,中国经济迎来了一个"新常态",也是新的战略机遇期。不仅经济增长速度傲视众多国家,人民收入水平持续攀升,并且新的产业、新的领域正在不断被开拓,经济发展充满活力,全面深化改革的进程也在逐渐推进。

习近平在2014年亚太经合组织(APEC)工商领导人峰会上发表题为"谋求持久发展 共筑亚太梦想"的主旨演讲中,首次清晰阐述了什么是经济新常态、什么是新常态下的新机遇、怎么适应新常态等关键点。习近平认为新常态有几个主要特点:经济增速虽然放缓,实际增量依然可观。经济增长更趋平稳,增长动力更为多元。中国经济更多依赖国内消费需求拉动,避免依赖出口的外部风险。经济结构优化升级,发展前景更加稳定。2014年前三季消费对经济增长的贡献率超过投资、服务业增加值占比超过第二产业、高新技术产业和装备制造业增速高于工业平均增速、单位GDP能耗下降等数据指出,中国经济结构"质量更好,结构更优"。政府大力简政放权,市场活力进一步释放。由于改革了企业登记制度,前三个季度新增企业数量较去年增长60%以上。

可以说,新常态下的明显特征是增长动力实现转换,经济结构实现再平衡。突出表现为:需求结构中的投资率明显下降,消费率明显上升,消费成为需求增长的主体;收入结构中的企业收入占比明显下降,居民收入占比明显上升。劳动者收入比重上升会挤压企业利润空间,企业利润比重下降会影响企业的投资意愿,导致投资占GDP的比重下降。随着人们收入比重的上升,对应的消费比重会提高,消费者相对投资者消费倾向更强,将带来更多的是服务业的消费。

消费率上升与储蓄率下降如影随形。伴随着储蓄率下降,消费在新常态下必然会崛起。什么决定储蓄率呢? 坦白地说,经济学在这点上是苍白无力的,只是不愿意承认而已。

在经济起飞之前,储蓄率长期在较低水平上徘徊。在经济起飞时期,随着人均GDP增长,储蓄率逐步上升。也就是说,储蓄增长的速度高于消费。储蓄率在"起飞阶段"达到高峰。当储蓄率上升之后,在这个高水平上波动了一段时期。储蓄和消费几乎以相同的速度增长,储蓄率保持基本不变。在"趋于成熟阶段"维持高储蓄率。在维持高储蓄率大约两代人之后,消费的增长速度终于超过了储蓄。随着人均收入的增加,储蓄率开始逐年下降。在"大众高消费阶段",耐用消费品的需求逐步增加,储蓄率逐渐回落。从世界各国统计数据可见,没有任何国家可以长期保持高储蓄率。是什么原因使得这些经济体在经济高速增长时期保持了高储蓄率? 为什么在一段时间之后储蓄率纷纷下降? 我们认为,文化是储蓄率变化的决定因素之一。

在中国经济新常态下,消费崛起,需要小心谨慎处理风险,不忘"盛世悖论"。把中国经济转变为以个人消费为主的内需主导型是长期的任务。1964年出生的第二次婴儿潮一代在2029年基本退休了,80后和

90 后的"牡丹世代"具有与 60 后和 70 后"梅花世代"明显不同的消费习惯,在 2029 年左右达到生命收入高峰,将改变中国高储蓄率的长期倾向。中国老龄化也在一定程度上减少储蓄率。

中国储蓄率会逐渐有所下降。未来 40 年,中国国内储蓄率将逐渐减少,但希望保留"梅花精神",避免储蓄率过低,过度消费。只要储蓄率长期相对合理水平运行,中国经济发展就会有比较充足的资金支持,实际利率可以维持在较低水平,所以债务的可持续性可以轻易保持,坚决防止资产负债表衰退。

高储蓄率的文化因素

谈到文化模式与经济发展,开篇之作是马克斯·韦伯的《新教伦理与资本主义精神》。韦伯在《新教伦理与资本主义精神》一书中讨论了伴随欧洲宗教改革运动而出现的新教伦理及后者对现代资本主义的起源的影响。与传统主义相比,资本主义精神的不合理之处在于其终极价值的模糊——无休止地追逐利润的精神,在尘世生活范围内似乎不具有合理性。而新教伦理的本质是立足此岸、面向彼岸的合理价值观,这种对来世灵魂归宿的关注,恰恰为资本主义精神提供了终极价值,弥补了资本主义精神的缺陷。新教的核心教理是这样的:"上帝应许的唯一生存方式,不是要人们以苦修的禁欲主义超越世俗道德,而是要人完成个人在现世里所处地位赋予他的责任和义务。"这是他的天职,从这一点可以看出新教的禁欲是世俗的。

事实上,有市场经济精神的不仅仅是西方文化。中华文化也天然符合市场经济的需求。我国居民储蓄率一直维持较高水平。储蓄率偏高有多个原因。当与同中国处于相似发展阶段的国家比较(如拉美国家并不富裕但储蓄率也并不高),这一文化因素就显得重要。中国普通家庭储蓄行为与美国差别很大,相当程度上是文化模式所驱使的。中国国民储蓄占 GDP 比例高达 40%,而美国还不到 15%。

从中华文明发迹的源头,从中华儿女繁衍生息的历史中去探寻我们最本源的精神力量——梅花的自强不息、吃苦耐劳和牡丹的创新包容、开放进取。从中华文明近万年的发展历史可以精炼萃取出梅花与牡丹这两种精神象征。"梅花与牡丹"反映了中国文化独特的"双重性",分别代表着自强不息、吃苦耐劳、坚毅勇敢和创新包容、大气庄严、雍容富贵。中国史前造就了以"梅花与牡丹"为最佳的形象化代表的中国文化,从而形成了路径依赖和强大文化惯性。从有文字的商代起,就是中国文化塑造了中国人。换句话说,我们喜欢"梅花与牡丹"的原因就是我们文化身份可以用"梅花与牡丹"进行很好的表达。"梅花和牡丹",既是中国文化抽象性的代表,也是形象化代表,还是国花的不二审美选择。只选择牡丹,不能真正代表中华民族命运多舛而又多难兴邦的历史;只选梅花,凸显了坚忍不拔的精神,却欠缺了代表中华民族曾几何时雍容大气而且对未来美好生活的强烈渴望。唯有梅花与牡丹兼顾,才能在传统与现代中寻求文化平衡,体现中华之美。也是弘扬世界在债务危机和增长停滞不前挑战下的共同精神品格。梅花精神所展示的坚韧不拔与艰苦奋斗是人类共同欣赏的品质,牡丹精神则张扬人类共同的个性奔放和对多样性的包容。

中华文化"梅花与牡丹"的双重性在文化维度上可以找到科学依据。文化维度(Culture Dimension)是荷兰国际文化合作研究所所长霍夫斯塔德(Geert Hofstede)及其同事在对文化因素进行定量研究时采用的概念,是当今最具有影响力的理论,是实际调查的产物。1980年,霍夫斯塔德在调查66个国家的11.7万位IBM员工的工作价值的基础上,发展出五个文化维度:

(1)个体主义与集体主义(着眼于个体还是集体的利益);

(2)权利距离(人们对于社会或组织中权利分配不平等的接受程度);

(3)不确定性回避(对事物不确定性的容忍程度);

(4)事业成功与生活质量(追求物质还是强调人际和谐);

(5)长远导向与短期导向(着眼于现在还是放眼于未来)。

这一观点发表于《文化与组织》书中。根据霍夫斯塔德测量结果,在(2)和(4)上,中国人文化维度倾向与其他国家文化相比不特别突出。但在第(1)、(3)纬度和第(5)纬度上,中国人令人惊讶地具有鲜明特点。中国人在不确定性回避上,与美国人一样弱,表明敢于冒险和创新,富有企业家精神;在集体主义和长远导向上,像日本人一样,关注集体和未来,重视节俭和毅力。用形象化比喻,中国人在文化维度上是既不靠近美国人,也不靠近日本人,而是美国人和日本人的"混合体"。从文化角度预期中国人的集体经济行为,中华民族会保持较高储蓄率。

储蓄率不可避免的下降:"盛世悖论"

人类文明的进程波澜壮阔,跌宕起伏,大国经济体如流星划过夜空,昙花一现。对冲基金桥水公司创始人 Ray Dalio 认为,四个因素(竞争力、负债水平、文化和运气),主导了一个国家的经济增长水平。桥水公司(Bridgewater)对国家相对收入和实力影响最大的是:驱动人们工作、借贷和消费的心理,以及战争(这应该算是一个"运气"因素)。

纵观历史,桥水公司认为,这两个影响因素已经改变了国家的竞争力和负债水平,进而引起了相对财富和实力的变化。Dalio 补充道,不同的经历会导致不同的心理倾向,而不同的心理倾向又进一步导致不同的经历。这些普通的因果联系,主导了一个国家经济增长、实力和影响力的典型发展循环。总而言之,桥水周期理论认为国家通常会在发展循环过程中经历五个阶段:

第一阶段,国家会很穷,连人民都认为自己很穷。在这个阶段,该国人民的收入会非常低,大部分人过着勉强维持生计的生活。他们不会浪费任何的金钱,因为他们觉得金钱很宝贵。他们也不会谈论债务,因为储蓄紧缺，没人希望借钱给其他人。这是未充分发展的状态。

第二阶段，国家会快速富裕起来，但人民仍认为自己很穷。在这个阶段，该国人民的行为和他们处于第一阶段的行为几乎是完全一样的，因为他们虽然有更多金钱了，但仍然希望储蓄，他们的储蓄金额和投资金额会飞速上升。因为这些人通常是经历了贫困阶段的那些人，同时又因为这些人在一个金融体系缺乏保障的年代成长，一般会对金融类事物保持警惕。

第三阶段，国家会继续富裕，人民也觉得他们富裕了。在这个阶段，他们的人均收入会达到世界的最高水平，因为他们之前对基础设施、资本品和研究与开发的投入，通过生产效率的提升带来了回报。同时，社会心理也会改变，从更强调大量储蓄，改变成为享受人生的成果。这种社会心理改变的发生主要是因为，没有经历过经济不景气的新一代人取代了在不景气年代长大的旧一代人。

第四阶段，国家开始变穷，但人民仍认为自己很富裕。这就是不断提升杠杆(负债)的时期——比如说，相对于收入的债务水平会不断地上升，直到不能再负债了。杠杆提升背后的心理改变是因为，生活在前两个阶段的人已经绝大部分死去，同时主导生活的一代人已经习惯了美好的生活方式并继续保持这种生活的行为方式，他们并不担心储蓄不足带来的痛苦。因为这些国家的人民赚取的薪酬很高，消费支出也很高，他们会降低他们的储蓄率，增加他们的负债水平，以走捷径的方式实现他们的消费习惯。

在最后一个阶段，国家通常会经历一个去杠杆化和国力相对下滑的过程，但人民对这个现实的接受速度会很慢。泡沫爆破以后，当去杠杆化开始发生，私营部门债务增长、私营部门支出、资产价格和资本净值的下滑会进入一个不断自我加强的恶性循环。它们将要经历一个"美妙的去杠杆化过程"还是"难看的去杠杆化过程"。

按照桥水周期理论,除美国外的世界大部分发达国家特别是欧元区明显处于第五个阶段,而中国经济,属于第二阶段:国家会快速富裕起来,但人民仍认为自己很穷。正在向第三阶段过渡。国家会继续富裕,人民也觉得他们富裕了,储蓄率下降,消费上升。

与桥水周期理论类似,我们提出的"盛世悖论"是指,由于一个国家居民或民族有艰苦创业的梅花精神,保持高储蓄率和投资率,所以开创了牡丹时代,但由于代际间存在"布登勃洛克效应",在牡丹时代逐渐消磨掉梅花精神。由于梅花精神的消失,这个民族或国家居民储蓄率下降,消费上升,债务水平和经济整体杠杆率上升,会陷入资产负债表衰退,若不能够去杠杆,盛世就不复存在了。人们孜孜以求盛世来临,反而导致盛世的最终消亡。这有点儿很类似经济学中的巴拉萨—萨缪尔森效应。

中国人口结构的世代相传必然会有代际差异和冲突,可能导致居民消费习惯传承的"断层线",也很可能出现"盛世悖论"。

中国已经开始从"中等收入"向"高收入"的历史性转变,已经从世界第二大经济体变成世界第一大经济体,从高储蓄变为较高消费,从传统生产型经济向服务型经济转型,从以"引进来"为重点的开放战略向全球投资转变。面对这些在较短时间内发生的重大转变,不禁使社会的传统智慧变化多端。由于人均 GDP 变化快,中国"代际"痕迹和特征前所未有的明显。在时代列车上,每一代中国人即有"前不见古人,后不见来者"的孤独感,又有"江山代有人才出,各领风骚数百年"的英雄感。每一代都在一座塔斯马尼亚岛上,互相没有联系。正是"代际"之间如此卓卓不群和相互漠然,反而会有逐渐失去梅花精神的风险。

从文化角度看,也许可以解释在经济增长过程中储蓄率变化的原因。一个人的价值观形成于他的青少年时期。社会环境和家庭环境造就了他的消费习惯。出生于贫穷家庭的人很可能终身保持比较节俭的消费习惯。即使他们的收入水平有了显著提高之后,他们依然愿意维持原来的消费习惯,这群人的储蓄率必然比较高。大量统计数据证实,人们往往在青年时代业已形成他们的消费习惯。一旦形成之后,无论他们的收入或财富发生了什么样的变化,大多数人将保持他们的消费习惯不变。

新中国成立后,有三次婴儿潮。20世纪50年代出生的第一次婴儿潮;60年代第二次婴儿潮一代,1985年前后的第三次婴儿潮。新中国成立后的头两次婴儿潮主要生长在物质严重匮乏的年代,当时人均GDP不到200美元,他们喜欢储蓄、消费思想较保守谨慎。刚刚摆脱贫穷的人对于生活水平的逐步提高非常满足。即使他们的收入已经能够支撑较高的生活水准,但是惯性使得他们依然保持原有的消费习惯。从文化的价值取向来看,新中国成立后到80年代之前出生的中国人,更多地具有梅花特有的坚毅不拨、吃苦耐劳的精神,因此我们将其定义为"梅花世代"。

20世纪80年代的婴儿潮可以说是我国非常特殊的一代,也可以说是"独生子女一代"。在他们成长过程中,接受的都是新的观念和事物,更喜欢创新和冒险,对物质追求并有着强烈的自我意识,而这也恰恰是牡丹精神特有的气质。因此,我们将20世纪80年代以来出生的人口,定义为"牡丹世代"。根据联合国人口展望以正常生育率水平估计的结果,我国人口将在2026年达到顶峰,为13.96亿人。根据我们的估算,中国在2020年之后将主要依靠牡丹人口,也就是第三次婴儿潮。人口结构的变化,对中国未来的经济有着深远的影响。2029年,"牡丹世代"将在劳动力总量上超越"梅花世代"。2039年,"梅花世代"的70后退休了。在中国经济的劳动力中,就基本上没有"梅花世代"了。

诚然,肯定有少数"牡丹世代"具有梅花精神。但少数人有梅花精神,也很难改变同代大多数人的文化心理,产生"西瓜靠大边"效应。中

43

第一篇

梅花与牡丹:中国文化模式初探与经济展望

华民族精神从"梅花世代"到"牡丹世代"传递中存在着储蓄率逐渐下降，消费率不断上升。"牡丹世代"的消费习惯与"梅花世代"迥然不同。他们大多数衣食无忧，可支配的资金逐渐增加。

正如 20 世纪五六十年代美国消费者的崛起改变了世界经济，现在中国已准备好成为下一个消费强国。其很有可能在最近赶超日本成为世界第二大消费经济体，并终将超越美国成为世界第一大消费经济休。加州大学圣地亚哥分校的中国消费专家卡尔·格斯(Karl Gerth)如是说："中国疾步迈入消费主义社会这一现象将会在很大程度上左右全世界的未来"。

未来消费将成为拉动中国经济和世界经济增长的引擎。中国经济将迎来消费的黄金时期。这一时期，虽然经济增速将有所放缓，但消费仍将加速增长，并会接过投资和出口的接力棒，成为经济增长的引擎。一个有活力的中国将继续成为全球增长的动力，强劲的中国消费需求将惠及世界的每一个角落。

在消费狂欢中警示风险

在谈到 1914 年第一次世界大战以前的世界时，凯恩斯在《和约的经济后果》一书中说："在这些欢乐的年代里，我们丧失了政治经济学的建立者们所具有的那种包含深刻思想的世界观。18 世纪之前，人们并不抱有虚妄的希望。18 世纪后期，这种幻想开始流行起来，为了平息这些幻想，马尔萨斯揭露了一个恶魔。在半个世纪里，所有严肃的经济学著作都对这个恶魔做出了清晰的展望。在接下来的半个世纪里，这个恶魔被我们控制住并淡出了人们的视野。"这个恶魔就是"马尔萨斯人口陷阱"。在马尔萨斯"忧郁"经济学褪色之后，世界经济却出现 1929—1933 年的大萧条。

我们希望在消费狂欢中放出一个"恶魔"，就是"盛世悖论"。

回溯全球经济 1000 年，最大经济体轮换出现了两次。第一次公元

1 年到 1820 年,按照麦迪逊的 PPP 算法,中国和印度互相交替成为老大,一会儿是印度总量高,一会儿是中国总量高,每个经济体在第一位置持续时间在 300 年左右。麦迪逊在《中国经济的长期表现》一书中说,1820 年中国是世界经济总量第一位,占了全球经济总量的 30%,同时,那一年在英国忽然爆发了工业革命。在 1870 年的时候,英国经济总量首次超越中国,成为世界第一经济强国。英国在世界经济总量第一位置上持续了 30 年时间,在 1990 年的时候,美国的经济总量超过了英国,成为世界第一。从 1990 年到 2014 年算起,美国处于第一位置一共持续了 114 年。在 2014 年 10 月 8 日被中国经济总量超越。中国重新返回世界第一,历经从 1870 被英国超过,其间历经了将近 150 年。

中国在全球经济总量第一的位置上能持续多长时间?这是一个很值得关注的问题。从 2007 年爆发的国际金融危机来看,美国出现负储蓄率,明显过低了,导致居民部门在资产负债表上的负债过高。中国消费崛起是好事和必然趋势,但必须防止储蓄率过低,居民资产负债表债务负担过重。如果失去梅花精神,居民储蓄率过低,中国消费的狂欢会带来资产负债表衰退。而这需要的仅仅是不超过三代人时间。到那时,中国就不得不把全球经济总量第一的位置交给其他国家。

我们从不缺乏励志的故事、先哲的至理名言,我们需要的是激发流淌在我们血脉之中,却被冲散在历史长河的中华原创精神。这种原创精神就是梅花与牡丹兼备,对梅花精神的长期坚守。

七、未来中国经济规模及居民财富展望

中国的真实经济规模

2010 年,中国经济总量 GDP 首次超过日本,成为全球第二大经济体(如果不将欧盟视为一个经济体的话)。其实,如果以购买力平价计算的话,中国早在 2001 年就已经超过日本成为全球第二大经济体。根据

IMF 的计算,以购买力平价计算,中国经济总量在 2001 年占全球的 7.558%,首次超过日本(为 7.454%),而同期美国则为 23.281%。不过,似乎目前人们并没有注意到一个新闻,那就是在 2011 年 4 月发布的《世界经济展望》报告中,IMF 对中国进行了预测,发现中国的经济规模将在 2016 年超过美国,以购买力平价计算的中国占全球经济的比重将在 2016 年达到 18.038%,首次超过美国的 17.635%。

实际上,中国可能将以比人们想象得更快的速度超越美国。尽管以名义美元计算,2011 年中国的经济规模仅为美国的 46%(见图 1.8),即使是到 2016 年也不过美国的 65%。但是,如果是以购买力平价计算的话,中国经济将从 2011 年的 11.3 万亿美元增长到 2016 年的 18.7 万亿美元,而美国则从 15 万亿美元增长到 18.3 万亿美元(见图 1.9 和图 1.10)。

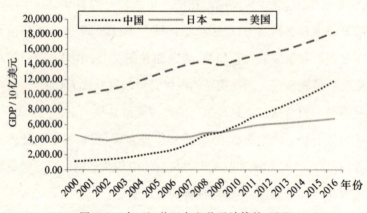

图 1.8　中、日、美以名义美元计算的 GDP

数据来源:IMF。

其实,IMF 的估计可能也略显保守。Arvind Subranmanian 在其博客中,甚至提出中国的真实 GDP 在 2010 年就已经超过美国(参见 http://www. piie. com/realtim/? p＝1935)。在一些更为严肃的研究中,Freenstra(2012)估计,2005 年中国按支出衡量的人均真实 GDP 为

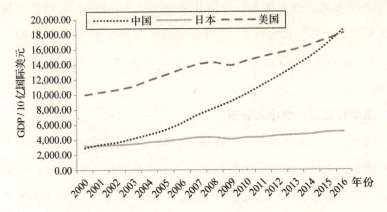

图 1.9　中、日、美以购买力平价计算的国内生产总值

数据来源:IMF。

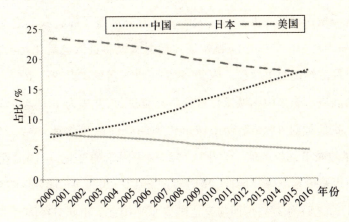

图 1.10　中、日、美以购买力平价计算经济规模占全球比重

数据来源:IMF。

5097 美元,比世界银行计算的 4088 美元高了近 25%。如果对消费品价格进行调整,真实人均 GDP 进一步上升到 5543 美元,如果按支出法衡量的中国真实 GDP 进行估计,这一数字甚至可以调整到 5862 美元,这比世界银行的估计要高 45%。当衡量方法从支出法变为生产法时,美国的人均真实 GDP 会从 41553 美元下降到 39550 美元。调整过消费品价格之后,中国的人均真实 GDP 相比美国的比例为 15%(即 5862 美

元/39550 美元），这是世界银行估计值的 1.5 倍。因此，中国经济规模可能要比公布的数据大得多，超越美国的时间甚至比 IMF 预测的还要早。Freenstra(2012) 认为，中国在 2012 年或 2013 年就有可能超过美国。

未来居民资产负债表展望

虽然很少有人怀疑中国正在崛起，然而，也许我们自己也并没有意识到能如此之快就赶超美国成为最大规模的经济体。毕竟，经济总规模与人均规模并不是一回事，困扰中国的是 GDP 很高，但人均下来则非常低。即使按照 IMF 的预计，中国在 2016 年名义美元人均 GDP 仍仅不到美国的六分之一，以购买力平价计算也不过是美国的四分之一。

中国是否为成为世界第一大经济体做好准备了呢？我们之前就指出，今后困扰中国的一个问题就是我们很快就将进入老龄化社会，这对中国的经济转型至关重要。因此，我们可以对居民家庭资产负债表进行合理的展望。未来中国城镇化进程将持续进行，并成为中国经济增长的动力。我们通过 1949 年以来城市化率的时间趋势估计，得到 2012—2050 年的城市化趋势值。由于人口结构等因素的变化，中国潜在增长率将不可避免地下降。因此，我们假定 2012—2029 年中国潜在经济增速为 7%，之后为 3%，也即与发达国家水平接近。由此对经济可能出现的情况作三种情形预期，具体如表 1.4 所示：

表 1.4　未来经济预期情形

	中性预期	乐观预期	悲观预期
金融资产增速	经济增速+3%的 CPI	经济增速+5%的 CPI	经济增速
房地产价格增速	经济增速	经济增速+人口增速	经济增速/2
耐用消费品	经济增速	经济增速+2%	经济增速−2%
金融负债增速	经济增速+3%的 CPI	经济增速	经济增速+4%的 CPI

　　这里,金融资产负债增长中性预期是根据货币交易方程式,我国长期平均通胀率为 3%。房地产估算中,我们假设城市和农村人均居住面积保持在 2011 年水平,即分别为 32 平方米和 35 平方米,这样对房地产的估算实际上可能存在一定的低估。在经济"去房地产化"的大背景下,对房地产价格的中性预期,我们认为仅与经济增速保持同步,而乐观预期则与经济增速和人口增速相等,悲观预期则房价仅为经济增速的一半。

　　无论在哪种情形下,未来我国居民资产将迅速增长,而且在中性和乐观情形下,资产负债表非常健康,整体负债率在 2050 年不过 15%,而在悲观情形下也仅有 47%,并不会出现资不抵债的破产可能。在中性条件下,金融资产将继续膨胀,并逐步向高收益的证券类资产聚集,资产结构进一步合理。这将有力支撑一个超大规模的经济体。不过,通过对中国居民资产负债表的估计及其展望,我们也可以发现,我国居民资产负债构成仍然存在的问题。

　　虽然总的来看,我国居民资产负债表是非常健康的,这为未来中国长期经济增长提供了有力的支持;但是,与主要国家相比较,可以发现我国居民资产负债表仍然存在很多问题值得关注。

　　我们观察我国居民资产负债表(见表 1.5)的结构,并将这张表与世界主要发达国家 2000 年居民资产负债结构进行比较(见表 1.6),可以发现:一是金融资产与实物资产的比重非常稳定。金融资产占资产总额的 30％左右,实物资产占 70％左右,房产是居民最主要的资产。这说明我国金融市场仍存在较大的发展空间。一般来说经济增长水平越高,金融市场越发达,房产占家庭总资产(动产与不动产之和)的比重也越低。二是养老金等社会保障资产严重不足,居民更关注房产保障功能。在我国,养老主要仍以现收现付为主,也就是现在工作人为上一代人支付养老所需资金。但随着人口老龄化的迅速到来,资金缺口将越来越大,但积累制养老金体系建设仍存在很大的缺口。由于有的个人账户因历史等因素存在"空账"问题以及社会统筹基金不足,养老保险基金绝大部分用于当年养老金发放,实际积累额小于职工账户记账额,这就使养老保障制度改革后的个人账户基本上是名义上的,实际上整个养老保障体系仍然是现收现付制。另外,中国地区经济发展不平衡,社会统筹后困难企业的养老金交纳有问题,因此确保养老金的发放成了劳动保障部门的工作重点;由于中国的人口包袱和人口老龄化过程不断加快,目前尚能维持现收现付制养老保险体系均衡的地区,在不远的将来也将面临养老基金收支不平衡的严峻挑战。三是房地产是我国居民最主要的资产,

表 1.5　我国居民资产负债表结构　　　　　　　(单位:％)

	2004	2005	2006	2007	2008	2009	2010
负债率	4.73	4.44	4.57	4.49	4.80	5.31	6.19
金融资产/总资产	28.97	28.30	29.32	30.84	30.92	30.61	30.74
实物资产/总资产	71.03	71.70	70.68	69.16	69.08	69.39	69.26
房地产/总资产	67.37	68.05	66.85	65.52	64.98	65.55	65.17
房地产/实物资产	94.86	94.91	94.57	94.73	94.07	94.45	94.10
股票+债券+基金+理财/金融资产	9.84	8.82	13.34	31.07	19.16	24.22	24.36
其中:债券	2.68	2.77	3.48	6.94	5.78	6.08	6.20
流动性资产(现金+存款)/金融资产	79.84	79.57	74.48	57.91	67.29	62.59	62.55
其他金融资产/金融资产	10.32	11.61	12.18	11.01	13.55	13.19	13.09
按揭/城镇房产	4.50	4.38	4.61	4.65	4.94	5.33	5.93

表 1.6　2000 年各主要经济体居民资产负债表结构

（单位：%）

	负债率	金融资产/总资产	实物资产/总资产	房地产/总资产	房地产/实物资产	流动性资产/金融资产	证券类资产/金融资产	其他金融资产/金融资产
日本	14	50	50	N.A.	N.A.	53	16	31
中国台湾	10	59	41	20	48	39	32	29
新加坡	18	45	55	47	86	44	21	35
南非	15	65	35	16	47	21	20	59
波兰	3	20	80	62	78	59	25	16
捷克	9	34	66	N.A.	N.A.	60	24	16
澳大利亚	17	41	59	21	35	22	20	58
加拿大	18	57	43	20	46	25	32	43
丹麦	30	55	45	23	52	21	54	25
法国	11	40	60	29	49	33	32	35
德国	16	40	60	42	70	34	37	29
意大利	3	42	58	50	86	23	55	22
荷兰	16	54	46	38	83	19	24	57
新西兰	20	32	68	60	88	35	40	25
葡萄牙	19	49	51	39	77	47	38	15
西班牙	10	31	69	61	88	40	43	17
英国	13	53	47	35	74	21	25	54
美国	15	67	33	26	80	13	51	36

资料来源：Davies，Sandstrom，Shorrocks 和 Wolff（2008）

51

梅花与牡丹：中国文化模式初探与经济展望

房地产对国民经济的影响举足轻重。由于社会保障不足,人们更加关注房地产的保障功能。房产几乎占据全部实物资产的 90％,这远远高于发达国家。从这个意义上来说,房地产在国民经济中起着举足轻重的作用。高收入经济体家庭可能更关注金融资产的投资,房产仅是其投资组合中的一个选择,而非主要选择。高收入国家金融市场和社会保障比较发达,家庭可以更不依赖房地产作为生活的最后保障(无论是消费还是投资),而在低收入国家,房产可能是最后,也是最重要的保障。我国社会保障及保险类金融资产占金融资产的比重仅不到 15％,较发达国家存在明显的差距。四是流动性资产比重过大,相应地金融资产收益不高。我国居民流动性金融资产是最主要的金融资产,其金融资产份额一度接近 80％。股票、债券、理财等高收益金融资产发展虽然比较迅速,但仍不到四分之一。事实上,中国需要一个"金融服务业和产品大爆炸",来极大丰富居民金融产品和资产配置的空间。五是债券类金融资产占比过小,未来庞大的养老资产配置存在严重的供求缺口。表 1.5 中,除国债外,还考虑了债券型基金和混合型基金,这样实际上一定程度上高估了债券类资产占比,但尽管如此,其占居民资产份额也不过 6％左右。目前,中国的国债余额占 GDP 的比重仅为 20％左右,财政赤字仅为 GDP 的 2％左右。特别是近年来,政府财政收入的迅速增长。"十一五"以来财政收入年均增速高达 25％以上,远远高于经济增速和居民收入增速。我国财政状况较发达国家和很多新兴工业化国家要好得多。2012 年,我国财政预算赤字占 GDP 的比重进一步降低到 1.5％。这种情形下,无风险国债的增长必将受到影响。由于养老金等社会保障金融资产主要是配置在风险较低的固定收益产品,债券金融资产使未来庞大的养老金融资产配置面临严峻的挑战。六是消费类金融有着很大的发展空间。总的来看,我国居民负债水平较低,主要是按揭贷款。财富效应带动消费增长,消费金融有着巨大的发展空间,这对改善居民福利有着非常重要的意义。随着房产规模的膨胀,资产证券化和金融产品的创新将是未来的方向。七是居民总资产规模巨大,为实行结构性税制改革提供有利条件。2010 年,我国城镇居民房产大约为 120 万亿元,而且按照中性情形估计,在 2050 年左右将达到千万亿元。即使是按照 1% 的税率实行房产税,按目前 10 万亿税收收入计算,就可以实现 10% 左右的份额,而在 2050 年基本上可以满足全部税收需求。因此,未来我国实行资产税制改革有着非常大的空间。八是代际间的资产分布也是需要考虑的问题。目前,中国的经济中坚主要是梅花人口,与美国婴儿潮一代一样,他们掌握了大量的金融和实物资产,但这也造成了经济起点上的不平衡。因此,遗产税等促进代际平衡的政策成为需要考虑的问题。九是地方政府债、准政府机构债仍有巨大发展空间。我们对居民资产负债表的估计并没有考虑地方政府及准政府机构债,而这些类似于无风险固定收益产品将在一定程度上弥补未来养老资产配置缺口。十是新城乡差别仍然需要重视。从资产的角度来看,实物资产主要是城镇的房地产,如何进行制度上的变革,实现土地的流转升值,这是缩小城乡差距的重要途径。

在比预期快的未来,中国可能成为全球最大的经济体。但是,最大并不代表最强,中国面临着人口结构变迁和经济结构调整的艰巨任务。居民资产负债表的分析也表明,我们并没有为未来的变革做好充分的准备,因此这需要我们进一步探索,发挥梅花与牡丹精神,充满信心地迎接"中国梦"的实现!

新梅花时代：
消费崛起

第二章　中国消费率之谜：缘起、原因与方向

一、蜜蜂的寓言

几千年来,勤劳俭朴一直是中国人的美德。只有辛勤劳作,才能够更多地创造财富;而节俭朴素,才能够更多地积累财富。勤劳俭朴一直被当作传统中国人修身齐家治国所坚奉的信条。早在《尚书》中就说:"惟日孜孜,无敢逸豫。"《左传》也引古语说:"民生在勤,勤则不匮。"《周易》中更是有"俭德辟难"之说。在春秋诸子百家中的墨家,更是提倡勤俭,在《墨子》有"俭节则昌,淫佚则亡"之论。古人认为能否做到勤俭,是关系到生存败亡的大事,不可轻忽。

但是,勤俭的美德在现代经济中却受到了很大的挑战。我们都熟悉"蜜蜂的寓言"这个故事。1720 年,荷兰医生伯纳德·曼德维尔为我们讲述了这个经济学著名的故事:很久以前,有一群蜜蜂过着挥霍、奢华的生活,整个蜜蜂王国兴旺发达、百业昌盛。后来,从遥远的地方来了一只老蜜蜂,它劝导挥霍、奢华的蜂群要节俭持家。于是,蜂群在老蜜蜂的教导下改变了原来的生活习惯,崇尚节俭朴素。结果,整个蜜蜂王国经济衰落、社会凋敝,终于被敌手打败而逃散。

尽管在发表之初,曼德维尔医生的这篇著作在正统人士中掀起了轩然大波,受到了广泛的指责,英国中塞克斯郡大陪审团委员们就曾宣判它为"有碍公众视听的败类作品"。要不是凯恩斯的解读,"蜜蜂的寓言"

估计逃不开"最坏寓言"的批判，而且这也启发凯恩斯发动了一场经济学的"凯恩斯革命"，由此建立了现代宏观经济学和总需求决定理论。凯恩斯通过"蜜蜂的寓言"要说明的无非是消费对社会经济的拉动作用。在短期内决定经济状况的是总需求而不是总供给。由劳动、资本和技术所决定的总供给，在短期内是既定的，这样，决定经济的就是总需求。总需求决定了短期内国民收入的水平。总需求增加，国民收入增加；总需求减少，国民收入减少。普遍的节俭，难以推陈出新，繁荣社会和增加物质财富，实质上反而是某种程度的浪费或破坏可以刺激社会的有效需求。引起 20 世纪 30 年代大萧条的正是总需求不足，或者用凯恩斯的话来说是有效需求不足。凯恩斯把有效需求不足归咎于边际消费倾向下降引起的消费需求不足和资本边际效率（预期利润率）下降与利率下降有限度引起的投资需求不足。解决的方法则是政府用经济政策刺激总需求，包括增加政府支出的财政政策和降低利率的货币政策。因而，现代社会中，有关经济增长和物质消费的观念已经发生很大的变化。在传统观念中，节俭是一种美德。但根据总需求理论，节俭就是减少消费。消费是总需求的一个重要组成部分，消费减少就是总需求减少。总需求减少则使国民收入减少，经济衰退。由此看来，对个人是美德的节俭，对社会却是恶行。这就是经济学家经常说的"节约的悖论"。"蜜蜂的寓言"所讲的也是这个道理。

当然，应当认识到，现代经济中消费与传统的勤俭并非一对天生的矛盾。经济学家们所提倡的消费和节约并不矛盾，节约并不是不消费，而是适度消费。如果过度消费，显然难以持久，而如果过于节俭，那么就会出现蜜蜂寓言中的情形。不过，如何把握这个度，显然并不是一件容易的事情。尽管从二战后各国的经验表明，消费占 GDP 的比重达到 50％以上才能维持经济的高速增长。但是，目前中国经济显然面临着消费不足的难题。

二、现实版蜜蜂寓言："中国消费率之谜"

1978 年改革开放以来,中国经济取得了年均 10% 的持续高速增长,并在 2010 年超越日本成为全球第二大经济体,这在全人类经济发展中堪称"奇迹"。但是,与之相伴随的却是,中国经济正变得越来越不愿意消费,消费的发展明显落后于经济的增长。事实上,自改革开放以来,中国的消费率逐步下降,并已经从 1981 年的 67.11% 的最高值下降到 2010 年的 47.40%,中国经济似乎正滑向"节俭的悖论"。

首先,中国经济的最终消费率持续下降。由图 2.1 可以看到,改革开放后,全社会最终消费率虽然在 20 世纪 90 年代中期一度反转上升,但总体上呈现下降趋势。特别是进入 21 世纪以来,中国经济的最终消费率大幅下降。"十一五"期间,最终消费率平均仅为 48.82%,比"九五"时期下降了 11.4 个百分点。

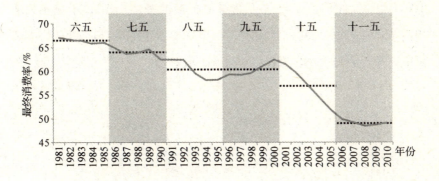

图 2.1　改革开放以来中国最终消费率的变化情况

数据来源:国家统计局。

其次,消费对中国经济增长的贡献率和拉动率显著下降。20 世纪 90 年代,最终消费对 GDP 增长的贡献率平均高达 56.8%,消费的增长能够拉动经济增长 5.86 个百分点,但是 2000 年以来,消费对 GDP 增长的贡献率大幅下降,年均仅为 41.44%,消费增长对经济的拉动作用也下降到 4.32 个百分点,如图 2.2 所示。

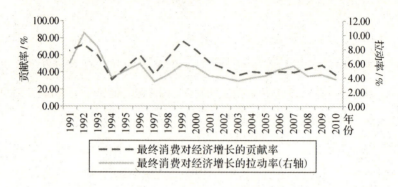

图 2.2　20 世纪 90 年代以来中国消费率对经济增长的贡献率和拉动率

数据来源:国家统计局。

再次,中国的储蓄率持续上升。与最终消费持续下降相对应的是,中国储蓄率不断提升。过去 10 年内,储蓄占 GDP 的份额,包括公共和私人储蓄,取得了稳步增长,即从 2000 年的 37% 上升至 2010 年的 54%,如图 2.3 所示。为了后代能够有更多消费,中国居民不可避免地提高了自身的储蓄率。正如诺贝尔经济学奖得主莫迪利亚尼所言,中国家庭对子女的投资已经取代了更多的资本投资。

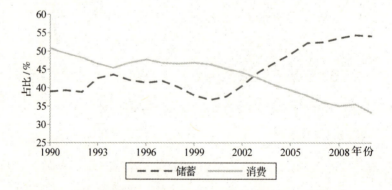

图 2.3　20 世纪 90 年代以来中国储蓄和消费占 GDP 的比重

数据来源:CEIC。

最后,中国的消费率不仅低于发达国家,也低于经济条件比较相近的国家。目前,全球消费率大约在 80％左右,高收入国家平均为 82％,而中低收入国家也高达 70％以上,但中国 2010 年仅为 47.4％,如图 2.4 所示。根据世界银行 WDI 数据库显示,在有数据的全球 130 余个经济体中,2010 年,中国的最终消费率仅高于赤道几内亚、不丹、安提瓜和巴布达、卡塔尔,位列全球倒数第 5 位,这显然与全球第二大经济体的地位极不相称。

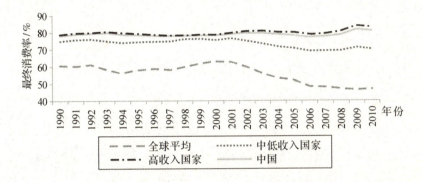

图 2.4　20 世纪 90 年代以来全球平均消费率和各类收入国家最终消费率的比较
　　数据来源:世界银行 WDI 数据库。

三、中国消费率的历史与现状：不同经济环境下的新问题

　　进入 2000 年以来,中国经济似乎越来越不愿意消费,这种情况在 20 世纪 90 年代之前是不可想象的。事实上,如果考察更早的情况可以发现,中国的消费率在改革之前仍是非常高的。除"大跃进"的特殊时期外,中国的最终消费率一直是在 70％左右,这与当前中低收入国家的水平类似,甚至在 1962 年一度高达 83.8％,几乎与发达国家相当,如图 2.5 所示。

　　要知道,在计划经济时期,中国的经济发展战略是"重生产,轻消费"。那个时候,中国的经济发展战略重心始终围绕着"生产至上主义",

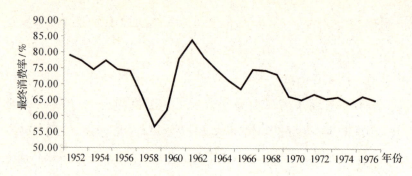

图 2.5 改革开放前中国的最终消费率

数据来源:国家统计局。

也就是在传统的计划经济指导下,优先发展生产生产资料的部门(也就是生产产品的生产,即以钢铁为代表的重工业),而不是那些可以直接用来消费的产品部门(也就是轻工业部门)。同时,出于国家利益和重工业化发展战略,国家更多的是用限制商品的供应来抑制消费。因此,在计划经济体系下,虽然成功地建立起中国的工业体系,但人民的消费则被广泛压抑。不过,即使如此,由于当时中国的经济水平非常低,人们的消费需求还仅仅停留在"填饱肚子"的阶段,虽然经济发展战略上更多地强调经济积累,但一生产出来东西就被用来满足最起码的基本生存需求。为了更好地分配不多的消费品,只能通过票证制度实行基本生活和消费品的配给制度。甚至,连城镇中的粮食在 20 世纪 90 年代初期仍然主要是凭购粮证到专门的粮店购买,只有钱而没有粮票,在饭店连饭都吃不成。因此,在计划经济时期,对于普通人来说,更多的是如何买到生活必需品。也就是说,当时社会很大的一个矛盾就是社会生产无法满足人民的基本生活需求,这不仅在中国,实际上在采取同样发展战略的苏联也是一样的。甚至,由于轻工业发展缓慢致使人民生活质量难以提高,成为社会变革的一个重要原因。因此,对 2000 年以来中国的消费率下降,需要我们认真地进行思考。

四、解读"中国消费率之谜"

当然,对比中国改革开放前与2000年后消费率的情况,虽然能够发现非常惊人的数据变化,但这种比较也是在不同情形下进行的。一个最大的区别就是,经济体制和经济发展环境发生了明显的变化。在改革开放之前,甚至是在20世纪90年代中期之前,中国仍然处于一个短缺经济时代。我们现在经常讨论的"产能过剩"在那个时期并不存在,更多的是如何扩大积累和生产,并希望通过生产能力的提高进一步扩大消费品的生产,从而满足人们的需求。从发展的出发点来看,这个思路并没有太大的问题,只是由于在计划经济条件下,由于政策制定者无法有效区分人们的真正需求,人为地积累所生产的产品数量和质量与实际的情况并不匹配,而且由于计划的盲目性也导致生产效率的损失,因而无法有效满足人民的实际需求。特别是,对于基本生活必需品的长期缺乏,使得计划政策制定者进一步地认为更需要积累和扩大再生产,而这实际上进一步挤占了消费的空间。因而,很长一段时期内,与这一生产和消费结构相对应的,正是我们所说的梅花时代的特征:为了更美好的未来,进行长期的忍耐与牺牲,并渴望出现美好的结果。不过,当条件发生转变,特别是引入市场机制后,长期被压抑的消费需求得到了极大的释放,而自由市场经济使生产者更关注市场需求,同时由于对外开放和外资的引入,国内的生产能力迅速提高,生活必需品的数量得到基本满足后,人民逐渐关注起生活的质量。这样,需求就不再是统一性的以量为主了,虽然数量仍然是一个非常重要的因素,但人们已经意识到了产品的差异,并宁可花更大的价钱购买让自己满意的产品。因而,社会逐渐由苦梅时代向新梅花时代过渡,而在这个过程中,消费率下降问题也随着生产能力的提高在20世纪90年代末期逐渐显现了出来。

对于劳动占比下降的现象,要找出原因才能对症下药。关于当前中

第二篇

新梅花时代:消费崛起

国消费率下降的原因,实际上学术界也主要有如下几种解释:一是收入假说。与经济增长速度和城乡居民收入平均增长速度相比,政府财政收入(和支出)增速相对过快,企业利润增速相对过快,社会财富和收入分布不均衡程度持续恶化。可支配收入不足导致低消费率。"十一五"规划中,城镇家庭居民可支配收入实际增长 10.2%,农村居民人均纯收入年均实际增长 8.3%,虽然较"十五"期间得到了较大提升,但仍低于同期的 GDP 增速。最终导致居民收入占 GDP 的比重逐年下降,也使消费率逐年走低。二是投资假说。中国的消费率偏低不是因为消费增长太慢,而是因为投资增长太快。2002 年以来,我国全社会固定资产投资增速始终都在 20% 以上,远远高于同期经济增速。由于投资必须与储蓄相等,因而为了满足不断上升的投资需求,只好压缩消费。因此,也就表现为消费的增长低于投资的增长,更低于经济的增长。2000 年以来,我国 GDP 增速比居民消费指数平均高 2.5 个百分点,其中的缺口主要是用于满足迅速增长的投资需求。第三种是垄断假说。垄断是劳动报酬在国民收入中占比下降的原因之一。市场垄断力对劳动者报酬的占比有负面影响,市场垄断力越高的企业,劳动者报酬占比越低,资本报酬占比越高。这也就意味着,欲提高劳动报酬在国民收入中的占比,还需先破除垄断。第四种假说是经济结构的改变。过去 10 年来,中国的工业化速度非常快,资本投入量显著提高,而资本的大量、快速累积需要较高的资本回报作为支撑,而中国服务业的发展相对落后,不能吸收大量资本。第五种是简单的"二元经济"假说。李稻葵、刘霖林和王红领等人认为,发展经济学中著名的刘易斯"二元经济"假设可以解释当前中国的现状。发展中经济存在传统和现代两个部门,在许多经济中,支付维持生活的最低工资,可以获得无限的劳动力供给,即传统部门可以源源不断地提供现代部门需要的劳动力。

在上述五种解释中,前四种往往是结果而不是根本原因。第五种即

"二元经济"假设虽可以解释中国消费率走低,但无法令人信服地预测消费率的上升趋势。对于中国消费率下降的原因,国内很多学者都作了大量的讨论。中国人民银行行长周小川《关于储蓄率问题的思考》一文中提出,东亚国家储蓄率偏高有多重原因:一是民族传统。东亚受儒家思想影响,有崇尚节俭、自律、提倡克制、中庸(低调)、反对奢华等传统。二是文化因素。可能需从大量教科书和文学作品中找出文化差异。与东亚相似,拉美国家并不富裕但储蓄率也并不高,因为居民拿到工资后很快就消费光了,其中就有文化因素。三是家庭结构。东亚家庭结构紧密,社会对家庭依赖程度高,家庭承担着赡养老人、抚育子女等大量社会责任。四是人口结构和经济增长阶段。从弗兰克·莫迪利亚尼的生命周期假说考察,壮年人口在总人口中比例增加,会使个人储蓄增加以备将来养老、医疗之需;从经济增长阶段考察,经济非同寻常的高速增长将使多数增加的收入转为储蓄,导致储蓄率高于正常比例。中国正好符合上述条件,储蓄率高不难理解。日美两国对比也可说明上述因素的作用。日美均属发达国家,人均收入高,社会保障体系各有缺陷,但日本储蓄率远高于美国,主要因为其在社会文化、家庭观念、人口结构等方面与其他东亚经济体十分相似。同时,20世纪90年代末的东亚金融危机也刺激了储蓄率的增长。危机前后,对冲基金肆意投机,短期资本先大量涌入后急剧逆转,使东亚各国经济雪上加霜。危机后,不乏观点认为缺乏管制的掠夺性投机是导致危机的重要原因,并希望国际社会加以必要监管,但部分国家出于种种考虑不主张监管掠夺性投机资金,也不认为需调整监管框架,相关国际组织也未能承担对资本异常流动的监管责任,迫使东亚各国大量积累外汇储备以求自保。由此可见,文化是决定消费率的一个非常重要的因素。这一点从东亚国家与欧美发达国家的区别中,可以非常明显地看出来。

毕竟,日本、新加坡等国家,以及中国香港、台湾地区的收入与欧美

第二篇

新梅花时代·消费崛起

发达国家收入基本相当,经济制度也比较接近,如图 2.6 所示。不过,从主要东亚经济体来看,以华人为主流社会的新加坡、中国台湾和香港的消费率又明显低于日本。因此,可以看出,除共同的东亚儒家文化因素的影响外,作为中国人特有的文化性质,对经济结构也产生了非常重要的影响。

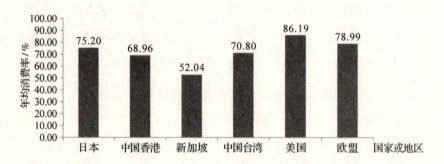

图 2.6　2000—2010 年主要东亚经济体与欧美年均消费率比较

数据来源:IMF 世界经济展望数据库。

五、"双重二元经济"与中国消费率反转①

城乡收入差距开始缩小,有助于消费提升

除特定的文化因素外,中国当前特有的"双重二元经济"结构也是目前消费率之谜的一个重要成因。中国经济既是城乡"二元经济",也是高度开放的经济体,特别体现在制造业上。中国消费持续疲弱的主要原因在于中国的"双重二元"结构,即城乡二元:乡村仅仅有农业部门;城市则有贸易性的制造业与非贸易性的服务业"二元部门"。

目前,中国的城乡二元结构仍然存在。由于农村剩余劳动力的工资决定了制造业和服务业的工资水平。当制造业劳动生产率提高,带动该

① 此节多处参考了沈建光、姚余栋:《消费率反转契机》,《财经》2011 年第 30 期。

行业发展时，制造业工资却上不去；同时，农业和服务业发展相对滞后，必然导致经济整体消费率持续下降，这就解释了中国消费率走低的根本原因。但故事还远远没有结束。对于"双重二元经济"而言，巴拉萨—萨缪尔森效应出现的前提是农村劳动力无限供给结束，因为只有劳动力跨过刘易斯拐点，贸易部门工资上升，同时拉动农业部门工资和非贸易部门工资上升，非贸易品价格才能上涨，也才凸显升值解决贸易品与非贸易品比价。

中国在过去几十年中，特别是加入世界贸易组织以来，以"低劳动成本"为优势，不失时机地嵌入国际生产体系之中，成长为真正意义上的"世界工厂"。过去30年中国的高经济增长，并没有带来人民币实际汇率的明显趋势性升值，反映中国的剩余劳动力仍然很多，贸易部门生产率提高无法带来贸易部门实际工资的提升，不能吸引更多劳动力进入服务业，也无法带来服务业的大发展。所以，制造业和服务业的收入结构没有很大变化。这表明巴拉萨—萨缪尔森效应还没有发生。

但是，当前中国正处于刘易斯拐点的关键时刻。范红忠和连玉君（2010）对湖北汉川农户的调查发现，单个家庭内部的剩余劳动力已经很少，但整个农村还存在大规模以剩余家庭形式存在的家庭外部剩余劳动力；同家庭内部的单身剩余劳动力相比，以剩余家庭形式存在的家庭外部剩余劳动力，尤其是已婚农民，外出打工的成本非常高，已婚农民退出或不参与城市农民工劳动力市场是农村剩余劳动力和民工荒问题并存的主要原因。此外，还有诸多学者从劳动力变迁的视角研究了我国经济运行中诸多方面的问题。马少晔和应瑞瑶（2011）将样本期1993—2008年划分为三个时期，考察不同劳动力市场条件下贸易开放的收入分配效应，采用省际面板模型进行实证分析，发现贸易开放与行业间工资差距在整个时期内表现为倒U形关系，随着劳动力市场的完善和农村剩余劳动力的减少，贸易开放显著缓解了工资不平等。从图2.7可以发现，

2010 年农村居民家庭人均纯收入实际增长率已高于城镇居民家庭人均可支配收入实际增长率,城乡收入已经开始收敛趋同。事实上,早在 2004 年广东等地就出现过"民工荒"现象。经过多年发展,目前劳动力短缺现象突出,2010 年以来,北京、上海、广东等 27 个省、自治区、直辖市纷纷上调或计划上调最低工资标准。而企业"劳资不和谐"现象也十分突出。著名的富士康、丰田等企业都曾遭遇用工信任危机,薪资一调再调。劳动力需求急剧上升拉动了农民工工资大幅度上涨。近年来,农民工工资几乎与城镇职工的工资增长速度同步,反映了中国劳动力市场正在发生根本性的变化。根据社科院人口与劳动经济研究所所长蔡昉判断:2007 年中国经济的刘易斯拐点已经到来,中国劳动力过剩时代即将结束,不足时代即将来临。蔡昉在三种假设情形下,进行农村剩余劳动力的推算。保守估计,即"满打满算"情况下,农村剩余比例为 22%。而如果假设稍有变化,则得出了农村处于剩余状态的农村劳动力只有 2481 万人,仅有 5%,农村剩余劳动力已经严重不足。而农村剩余劳动力中,30 岁以下劳动力已经十分有限,年龄在 30 岁以上的则占到了 90%,可以说农村再无"壮力"可供转移。因此,工资大幅上涨是由于中国的刘易斯拐点已经出现所导致。

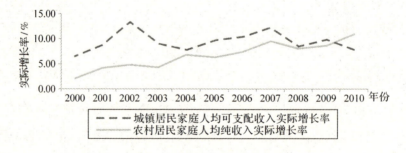

图 2.7　我国城乡收入增长差距

数据来源:国家统计局。

低收入群体消费倾向有较快增长潜力，将有助于消费增长

刘易斯拐点的出现，为中国经济结构转型提供契机。刘易斯拐点出现后，劳动力成本不断上升，将使得企业更积极性地通过使用机械替代劳动力，提高生产线的自动化程度，通过实现作业的智能化手段来降低对劳动力的依赖。因此，劳动力成本上升将迫使企业寻求更有效率的生产手段，将推进整个经济活动机械化、自动化、智能化的进程，促进制造业升级。同时，伴随着低端劳动力供不应求，农民工工资变化显著提高，并有可能逐步传导到其他部门造成整体工资水平的上行压力，未来将会带动核心 CPI 稳步上涨。随着人口结构的变化，巴拉萨—萨缪尔森效应，也即国际贸易中要素价格均等化效应，将最终发挥作用。非贸易品价格即服务业价格可能会出现加快上涨，推动成本的上升和整体物价水平的上涨。由于中国非贸易产品大多是低生产率且劳动力密集型产品，也是这些部门特别是服务业劳动力分享经济高增长收益的重要途径。属于贸易部门的制造业工资上升将拉动农业和服务业工资相应上升，消费率可能经历谷底后开始上升。

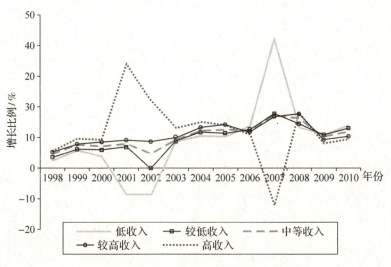

图 2.8　不同收入人群可支配收入增长情况

数据来源：国家统计局。

1997—2005 年,高收入群体的收入增速持续高于低收入群体,但 2005 年之后低收入群体的收入增长开始提速,如图 2.8 所示。2008 年起,中国出现一轮大规模的返乡潮,随着中西部产业转移带动大量农民工返乡就业从而带动农村消费倾向在 2009 年加速上升。产业转移和经济结构的变化,使农民工返乡后在当地就业成为支撑农民消费的重要因素。低收入群体收入将具有较大增长空间,而低收入人群的边际消费倾向较高,这有助于进一步提高消费,如表 2.1 所示。

表 2.1　不同收入人群消费倾向(消费性支出/可支配收入)（单位:%)

	低收入	较低收入	中等收入	较高收入	高收入
1997	89.82	86.42	83.04	79.39	76.53
1998	90.20	85.29	81.65	77.77	76.21
1999	89.84	84.66	80.41	77.44	74.64
2000	90.13	85.39	81.29	78.73	75.28
2001	92.31	84.86	80.61	76.45	68.11
2002	93.20	85.28	81.92	78.25	71.30
2003	93.06	84.76	80.34	77.30	69.07
2004	93.25	84.60	79.57	75.52	68.42
2005	92.31	83.07	79.52	74.67	68.01
2006	89.83	80.86	76.98	72.73	67.10
2007	86.62	80.04	75.54	70.61	68.80
2008	84.14	78.40	73.97	69.16	68.15
2009	82.61	77.72	73.44	71.20	67.86
2010	79.27	75.97	73.21	69.60	67.65

数据来源:国家统计局。

通过以上分析可见,刘易斯拐点和巴拉萨—萨缪尔森效应同时体现是消费率上升的根本动力。制造业让步服务业将为大学生提供更广阔的机会,有望改变劳动力工资结构性失衡问题;低附加值企业利润率下降,倒逼其创新以提高附加值或淘汰,利于产业链提升;劳动力工资正常化,带动收入增加,刺激消费率提高,为转为消费推动经济提供契机,更利于人民币汇率找到合理水平。

国家"十二五"规划明确提出要把扩大消费需求作为战略重点,这是一个符合中国发展趋势的战略性规划。"十二五"规划指出,要努力增加农民工资性收入,促进城乡劳动者平等就业,努力实现农民工与城镇就业。农民工工资的稳步提高,带动居民收入普遍增加,进一步刺激消费的增长。可支配收入的增长目标应高于整体经济的增长目标,从而扭转居民收入占 GDP 比例的长期下降趋势。同时,中国出口产业以劳动密集型产业为主,十分依赖廉价的劳动力优势,拥有自主知识产权的少之又少。而刘易斯拐点出现以后,能够促进高新技术来改造传统产业,推动技术创新,有助于提升产品的档次和竞争力,更有助于人民币汇率找到合理的水平。巴拉萨—萨缪尔森效应的发挥,将提升贸易部门工资上涨,由此将带动非贸易部门工资的快速上涨。

六、日本和韩国的经验与中国转型

参考日本、韩国的经验来看,我们发现刘易斯拐点的出现并不少见。日本和韩国分别于 1960 年前后及 1975 年前后经历了刘易斯拐点,当时他们的劳动力不足,劳动力工资大幅上涨,紧接着经济结构出现了较大的调整。参考日本的经验,经历了刘易斯拐点后,居民消费的增长有所加速,消费占 GDP 的比重出现了实质性的提高,居民消费率也在当时进入拐点。

日本：最终消费率

韩国：最终消费率

图 2.9　日本和韩国最终消费率

　　分析日本和韩国的家庭支出结构(见图 2.9)。1975 年日本的食品支出占比已经降到近 30%,低于中国目前的水平。日本的家庭支出中交通通信、保健医疗、教育和娱乐等占比逐步增加。在 1981 年后的增速也较高,尤其是教育、交通运输等方面消费的增速高于消费总支出的增速。韩国 1975 年到 1994 年食品支出显著下降,该趋势延续至 1994 年之后。同时,居民消费支出中用于交通运输、教育等方面开支显著增加;医疗支出在 1994 年后有所增加。参考日韩的经验,可以判断中国未来食品支出将逐步缩小,交通通信、医疗卫生、教育娱乐等支出将逐步增长。

通过以上分析,可以认为在中长期内,中国消费率可能呈现慢U形发展,即消费率虽然仍有可能存在一定的下降空间,但下降时间不会太长,下降速度会逐渐减慢,进而会有所逆转。当然,在现今的"双重两元经济"情况下,消费率的触底反弹还有不确定性,过程不一定一帆风顺。日本在进入刘易斯拐点之后,收入分配问题得到改善,低收入家庭收入迅速上升。韩国则在20世纪70年代出现刘易斯拐点后,直至80年代后期消费率才逐渐提升,反转速度显然没有日本快。消费率在U形底部停留的时间与政策支持力度有很大关系。对消费率调整要有更长远的战略眼光和耐心。

同时,中国出口产业以劳动密集型产业为主,十分依赖廉价的劳动力优势,拥有自主知识产权的少之又少。不过,在刘易斯拐点出现以后,能够促进高新技术来改造传统产业,推动技术创新,有助于提升产品的档次和竞争力,更有助于人民币汇率找到合理的水平,并促进中国经济进一步合理转型。巴拉萨—萨缪尔森效应的发挥,将提升贸易部门工资上涨,由此将带动非贸易部门工资的快速上涨。

只要认真和坚定不移贯彻落实"十二五"规划关于扩大消费的战略,中国未来中长期内可能经历一场内需U形反弹,将迎来消费大释放的重要节点,也是经济结构和发展方式逐步改善的过程,城市化、消费升级和服务业发展将支撑中国经济的快速增长。从韩国和日本的经验来看,国内劳动力价格的上涨将在较长一段时间内推高国内通胀水平,并抬高出口商品的价格指数。因此,劳动力成本的上升将对中国构成中期通货膨胀压力,需要宏观政策及时应对。

尽管前方道路仍然崎岖,但消费率谷底快到了,中国消费的春天还会远吗?!

第三章　中国的消费时代

　　我们的分析表明,中国正经历着人口结构的刘易斯拐点,巴拉萨—萨缪尔森效应也会随着发挥作用,从而引领中国由梅花时代向新梅花时代迈进,并最终进入牡丹时代。当然,我们的分析完全是基于标准的经济学理论模型和国际经验。对中国消费率之谜的很多讨论认为,我国社会保障体系不健全等因素是问题的根本所在。但是,这种说法虽然逻辑上完全正确,但并没有太多的实证支持。尽管在理性人假设下,当认为社保体系不健全时,人们会通过增加储蓄预防未来医疗、养老等需求,但实际上不一定成立。比如,新加坡的社会保障体系不可谓不完备,但其消费率并不比中国高多少。很多石油国家的消费率也非常低,这主要是由于产油国禀赋特殊,地下埋藏的石油财富远超出正常消费需要,必然以储蓄方式积累下来。

　　当然,我们也承认,健全社会保障体系等制度性建设对消费率反转会起到重要的促进作用,而这也是向牡丹社会发展的必要条件。我们也将在后面作进一步的分析。不过,即使是在苦梅时代,中国也具有了消费的潜质,而且中国的文化也具有牡丹社会的特征。事实上,中国消费时代正在到来。正如瑞信发布的《谁说中国不消费》报告所显示的,"中国居民消费增长速度迅猛,估计中国有可能在两年内成为世界等三大居民消费国。消费的崛起不仅对中国未来经济增长的可持续性提供有力支撑,更为全球经济的再平衡作出巨大贡献"。在这一部分,我们将列举一些典型的事实来说明。

一、"三大件"的历史变迁

虽然物资短缺的计划经济时期,满足基本的生存需求成为当时消费的一大特征,而为了在量上满足需求,只能牺牲商品的样式和质量。因为这样有利于数量的扩张,而为了提供多样化的产品,将不得不在一定程度上放弃数量,以通过标准化工业生产出更多的产品。这样,消费的同质性也就不足为奇了。不过,人们的需求和消费的欲望是不断发展的。即使是在物质匮乏时期,中国的消费者也是充满了消费的激情。从衣食住行都可以体现这一点,而不同时代的"三大件"的历史变迁,不仅代表了中国人的特殊记忆,也是中国经济发展和消费变化的缩影。

如今,每年的"双月双日"、"节假日"、"情人节"等等,都是结婚登记处繁忙的时候,一对又一对的新人注册一桩桩新的婚姻,也给爱情打上一个更为持久的印记。饭店宴客、草坪婚礼、阳光大厅,香槟、玫瑰、白色婚纱、精致的旗袍⋯⋯每个时代,都有自己的时代印记。作为最为人津津乐道的"三大件",随着时代的变迁,也有所不同。如今,每一个准新娘都梦想有一个浪漫的,甚至奢华的婚礼,梦想有一个能够给自己物质和精神上的双重满足的新郎。20 世纪 70 年代的"三转一响"(手表、自行车、缝纫机和收音机)已经变成了格局合理、光线充足、环境适宜的大房子,外观好看、有档次的私家轿车和富足的银行存款等。现在,结婚的花费已经从百元时代经历了千元时代、万元时代,局部已进入了 10 万元时代。但是,"老三件"的历史不会被忘记,在一代又一代人的记忆里,还在

新梅花时代:消费崛起

光影中追溯。①

物资极度匮乏的 20 世纪五六十年代。虽然与现在年代隔得有些久远,但由于国家初定,物质极度缺乏,因此那时基本上没有"三大件"的提法,至多是一些必要的生产生活用具,甚至家庭拥有锤子、锄子、小锅子,就是富裕的代表了。

70 年代的三大件是手表、自行车、缝纫机。70 年代末期,在改革开放的推动下,人们有了消费的欲望。当时家境不错的人家结婚时开始需要"三大件":手表、自行车、缝纫机。另外,算上收音机,合成"三转一响"。手表要"上海"牌,缝纫机要"蜜蜂"牌、"飞人"牌,自行车要"飞鸽"牌、"永久"牌。那才叫上档次。当时这些东西需要凭票用券购买,一般人家很难买到。戴了手表的人喜欢卷起左手袖子习惯性地将手腕抬得高高地"看看现在几点了"。家里的缝纫机被擦得一尘不染,还要做个很讲究的布套罩起来。自行车也要进行一番精心打扮,车座罩上带穗的套子,车梁用布或彩纸裹起来,车条要绕上几圈毛线转起来才好看。车子被擦得锃亮,快快地骑过去,留下一路"丁零零"的脆响,引来一片羡慕的目光。

80 年代的三大件是冰箱、彩电、洗衣机。随着港台电视剧的大量进入,沐浴了改革开放春雨的内地民众也开始建设自己的幸福生活。随着改革开放的深化,人们收入的明显增加,自行车、缝纫机和收音机这些曾经让一代人为拥有它们而倍感骄傲的三大件早已变得不再稀奇。是否买得起三大件,折射出了家庭条件的差别。国人开始了对物质生活的强烈追求。在家庭建设上,开始向电气化迈进,于是追求的"三大件"变成

---

① 三大件一般是指完成某事的三种重要物品,最主要的就是指用于结婚的三大用品。由于生活水平和历史阶段不同,三大件的变迁体现了人们生活的变化。这里,关于三大件的情况,主要来自百度文库及百度百科相关内容,baike. baidu. com/view/65970. htm 及 http://wenku. baidu. comviewd680e020647d27284b735116. html。

了冰箱、彩电、洗衣机。一开始，只是黑白电视机，后来才有不多的家庭开始用上了彩电。而且"三大件"的尺寸都不大，冰箱是单门的，洗衣机是单缸的，电视机是黑白的，不过即便如此人们的生活也是比蜜甜。当时，香港电视连续剧《霍元甲》红遍大江南北，夜晚来临时，城乡间便多了许多积极寻找地方看电视的人，有电视机的好客人家便敞开了门让人来看，满屋满院子的人，大板凳小椅子全派上用场，结束时还要喊上一句"明晚还来看"。农村孩子为了能找个看电视的去处，一口气撑船走上几里水路也不觉得累，不知他们的热情跟鲁迅小时候赶着去看社戏的热情哪个更高。

90年代的三大件是空调、电脑、录像机。到了20世纪90年代，人民生活水平"芝麻开花节节高"，家庭建设又向新的现代化目标迈进，大件又变成了空调、电脑、录像机。在当时，空调只能制冷，冷暖制式那是20世纪90年代末的事情。刚开始时家用电脑是"286""386"的，没有鼠标，运行口令要人工输入，考验智商不说，那速度还慢得像蜗牛。网络也远没有现在那么便捷，到了后来才用上了"奔腾"系列，不像现在都"双核""四核"了。录像机成为电视的一种升级设备，因为可以让节目自我定制，提高了生活的选择性。

21世纪的三大件大约是房子、车子、票子。跨入21世纪，进入了高科技发展的新时代，家庭消费也随之向科技化和高消费迈进。说"大约"是因为现在的三大件似乎没有一个公认的版本，可谓见仁见智，不过要说现在的三大件，说得最多的当数"房子、车子、票子"了。房子、车子恐怕没啥争议，另外提的最多的无非是保险、子女教育、旅游等，归根结底，都是票子。新的三大件中，尤其是房子，更是重中之重。没有一套像样的婚房，结婚日期就得推一推了。

二、吃得饱到吃得好

民以食为天。几千年来,中国人的很大一部分时间和精力都是为了填饱肚子而忙碌,甚至是在新中国成立之后还发生了非常严重的"三年困难时期"。尽管造成这场灾难的原因非常复杂,但极度的物资匮乏成为中国几代人难以忘怀的记忆。改革开放 30 年,普通中国人最直观的感受就是吃的变化。在计划经济年代,由于食品、物资匮乏,人们的衣食住行都离不开各种票证,每逢年关岁末或节假日前夕,拥挤嘈杂排着长队购物的"长蛇阵"是供应点的一大特色。即便如此,人们可选择的余地也非常小。北方家庭通常冬天主要是白菜、萝卜和土豆三大样,而且食物还占家庭不小的开销。一直到 1995 年之前,城镇居民的恩格尔系数一直都在 50% 以上,也就是有一半的花销都是用在吃上。

自改革开放以来,农贸市场开始发展起来,逐渐丰富了人民的菜篮子,而 90 年代以来随着大型超市的发展,中国居民的消费结构发生了巨大的变化。富裕起来的老百姓餐桌上也悄然发生了变化。市场品种渐渐丰富,蔬菜、瓜果、蛋、禽、肉类摆上了货架,冬天也可以买到各种各样的新鲜蔬菜了,大白菜变得不那么重要了,很多家庭开始随吃随买。如今,城市居民只将其三分之一甚至更少的比例花销在吃上,而且很大一部分并不是花在自己买菜做饭上,而是花在进各种饭店品尝各地的美味佳肴。过去,城镇中所有的粮食和食品都由粮食部门统一管理,每家国营粮店的产品质量和价格都是一样的。目前,中国已经有了一个竞争激烈的食品产业。以大米为例,已经细化到各种品牌、品种、质量、产地和价格。各地的消费者不仅能够买到种类繁多的大米,更有专门为了适应当地口味而生产的大米。比如,根据口味,消费者就可以在东北大米和泰国香米中进行选择。而且,消费者越来越重视"有机"和"绿色"食品的概念。因为,人们越来越注意饮食和健康的关系。30 年前,中国人还在为填饱肚子而犯愁,但现在人们吃得越来越油、越来越肥,口味越来越重。如今,城镇居民平均食肉量是1980年的两倍,再加上生活工作习惯的变化,"三高"等现代富贵病成为人们新的烦恼,减肥成了新的时尚。

三、"自行车王国"到"汽车王国"

曾几何时,中国以惊人的自行车保有量获称"自行车王国"。据中国自行车协会统计,1988年,中国城镇居民每户拥有自行车约1.82辆。就是在不远的十多年前,即使是北京、上海等一线城市,每到上下班高峰时段,也是成千上万辆自行车一起涌上街头,蔚为壮观。1950年,新中国第一个全部国产化的自行车品牌"飞鸽"在天津诞生。随后,各大城市相继建起自行车厂。从那时开始,是否拥有自行车成为衡量一个家庭生活品质的重要标尺,甚至拥有一辆自行车成为很多人的梦想。河北省石家庄市志里有这样一段记载:随着人民生活水平的提高,自行车供应紧张。1962—1986年,自行车主要是上海产的"凤凰""永久"和天津产的"飞鸽",一律实行凭票供应。1962—1963年,"凤凰""飞鸽"和"永久"的标价高达每辆650元! 要知道,那可是20个世纪60年代的标价!

然而现在,别说是北京、上海,甚至是某个内地省份的二线城市,自行车也不再有往日的风光。上述的自行车盛况一直持续到了20世纪90年代初。那时,山地车进入中国市场,并逐渐在中国风靡。山地车漂亮的外观和变速的功能让国产自行车相形见绌。消费者对时尚和功能的追求,使山地车成为国产自行车的主要竞争对手。进入21世纪,电动自行车的发展可谓势头强劲。它是一种不用汽油,不排放废气,安静得会使不留心的行人吃惊的车。电动车的优势一是快,二是省力,于是受到广大人民群众的喜爱。不过,人们出行方式最大的变化,当属汽车正逐渐成为人们的代步工具,各地政府也像当年重视自行车生产一样发展汽车产业,将其作为拉动经济增长的引擎。然而很多城市正被日渐加剧的堵车问题所困扰,北京、上海等城市即使出台了限行、限号、限牌等措施并大力发展轨道公共交通,但对城市道路的汽车的增长趋势的影响也微乎其微。然而,这一切的变化仅是十多年间发生的!

在新中国成立后的很长一段时间里,中国并没有私人汽车,所有的汽车都是属于公家的,而且当时国人把汽车定义为一种生产资料,很少想到能成为个人消费品。直至1990年的"八五计划"才明确将汽车产业作为中国经济的支柱产业。据国家统计局统计,到1990年年底,全国共有82万辆私人汽车,其中58万辆是载货车。在24万辆私人客车中,绝大多数是微型面包车,私人轿车也就几万辆。当时国家用高关税等进口壁垒严格保护国产汽车,进口小轿车价格高得离谱,一般人根本买不起。国产轿车价格也一直居高不下,一辆中德合资的桑塔纳卖到20多万元,还要"批条子"才能买得到(如今,这款车几乎已被市场淘汰,仅能卖几万元)。2000年10月召开的中共十五届五中全会,审议通过了《中共中央关于制订国民经济和社会发展第十个五年计划的建议》,首次提出"鼓励轿车进入家庭"。在当时,60万辆已销售的汽车中,30%是个人消费者,而到2010年个人消费占全部汽车消费的比重已翻了一番。这与国家的政策和市场的变化密切相关。2001年3月召开的九届全国人大第四次会议,批准了"十五"计划,这是第一次把轿车进家庭列入国家发展规划。2001年年底,中国加入世界贸易组织,中国汽车市场开始大举对外开放,带动了国内汽车产业的迅速发展,国家又出台了一系列轿车进入家庭的政策。长期以公务消费为主的轿车市场转变为以私人消费为主。私人轿车开始进入千家万户。

入世后,中国汽车产业形成了"开放中确立大国竞争优势"的发展模式,几乎所有的跨国汽车巨头都悉数来到中国淘金,分享这道汽车的盛宴。2000年之前那种奥迪独占高档车,捷达、桑塔纳、富康"老三样"称霸中档车,夏利雄踞低档车的格局也一去不复返了。随着市场竞争格局的形成,国内轿车价格大幅下降。越来越多的工薪阶层买得起轿车了。自 2006 年起,中国取代日本成为仅次于美国的世界第二大新车消费市场。到了 2009 年,中国汽车产销量分别达到 1379.10 万辆和 1364.48 万辆,首次突破 1000 万辆大关而跃升至汽车大国,并超越日本和美国,成为世界第一大汽车市场。2010 年,世界经济仍处在危机恢复期,而中国车市却依然保持着高速增长,中国汽车产量在全球的比重也从 2000 年的 3.5% 增加到 2010 年的 23.5%。10 多年的快速发展仍然有着很大的发展空间。2011 年年底,民用汽车保有量突破 1.04 亿辆,全国拥有汽车驾照人数超过 1.72 亿。持有驾照人数与汽车保有量之间存在巨大落差,可见具有刚性需求的购车族不在少数。

据统计,目前汽车市场上 60% 以上的消费者属于首次购车,可见二次购车需求也同样旺盛。此外,我国还有大量未达和仅达国 I 排放标准的汽车亟待淘汰和更新。在居民消费水平日益高涨的现在,中国汽车市场将面临首次购车和更新购车同步进行的消费转型。根据中国汽车工业协会统计,2012 年和 2013 年中国汽车产销量连续突破 1900 万辆和 2000 万辆大关,汽车产量分别增长 4.6% 和 14.8%,汽车销量分别增长 4.3% 和 13.9%,继续蝉联全球第一的领先地位。2014 年,尽管受到多重因素的干扰,但中国汽车工业协会仍预计全年汽车需求量将达到 2385 万~2429 万辆,预测全年汽车销量将达到 2374 万~2418 万辆,增长率约为 8%~10%。

四、奢侈品在中国

如果说结婚的三大件是人生的必需,而衣食住行的变化也是与日常生活密切相关,因而即使是消费发生了明显的改变,也无法说明中国真正步入了消费时代,那么奢侈品在中国的发展恰恰能够体现中国消费者的性格,而这也是国人牡丹精神的体现。

奢侈品(Luxury)在国际上被定义为"一种超出人们生存与发展需要范围的,具有独特、稀缺、珍奇等特点的消费品",又称为非生活必需品。奢侈品在经济学上讲,指的是价值—品质关系比值最高的产品。从另外一个角度上看,奢侈品又是指无形价值/有形价值关系比值最高的产品。奢侈品的消费是一种高档消费的行为,奢侈品这个词本身并无贬义。沃尔冈·拉茨勒在畅销书《奢侈带来富足》这样定义奢侈:"奢侈是一种整体或部分地被各自的社会认为是奢华的生活方式,大多由产品或服务决定。"现在,奢侈品在国际上的概念是"一种超出人们生存与发展需要范围的,具有独特、稀缺、珍奇等特点的消费品",又称为非生活必需品。在中国人的传统观念里,奢侈品几乎等同于贪欲、挥霍、浪费。其实,从经济意义上看,奢侈品实质是一种高档消费行为,本身并无褒贬之分。从社会意义上看,是一种个人品位和生活品质的提升。经济学将奢侈品定义为对其需求的增长高于收入增长的物品。它涵盖范围可能很广,从人参、名牌手表到豪华汽车,都可能是奢侈品。不过,通常人们认为奢侈品是那些非常昂贵的物品,即大部分人消费不起的物品,它们既不是必需的,价格又远远超过其实际用途,如名牌箱包、高级成衣和高档汽车等。私人飞机和豪华游艇当然也属于奢侈品的范畴。

中国是全球奢侈品消费的最大市场之一。2011 年 6 月 9 日,世界奢侈品协会发布的《世界奢侈品协会 2011 官方报告蓝皮书》认为,受日本地震、中国国内消费持续增长以及人民币升值等因素影响,中国 2012 年有望成为全球最大的奢侈品贸易与消费中心,消费总额预计将达 146 亿美元。2010 年 2 月至 2011 年 3 月底,中国奢侈品市场消费总额已经达到 107 亿美元(不包括私人飞机、游艇与豪华车),超过全球总量的四分之一,全球近三分之二的奢侈品牌已进入中国市场。中国成为全球第二大奢侈品消费国的同时,也成为在境外消费奢侈品最多的国家,其中 2010 年仅在欧洲,中国消费者累计消费近 500 亿美元。报告称,截至

2011 年 5 月底,日本奢侈品消费仍居世界首位,占全球市场份额的29%,但日本地震对其国内奢侈品市场影响巨大。手头阔绰,出手大方,愿花钱,敢花钱,购买几年前还负担不起的奢侈品,手不抖,心不颤,这就是今天的中国富裕消费者。在欧美商场,很多售货员都熟悉三句话:"真便宜","我全要","还有吗",就是生动的写照。国外很多机构都看好中国的奢侈品市场,安永、贝恩咨询、麦肯锡等顶级机构都发布过中国奢侈品市场的研究报告。

奢侈品的价值比较持久,并具有特殊的价值。例如,珠宝在保值方面的作用与黄金类似,而很多奢侈品则是富贵、专业、个性的代名词。更主要的是,奢侈品可以显示一个人的社会地位,这一点对中国消费者特别适用。为迎合迅速膨胀的消费群体的庞大胃口和需要,全球最高端、最负盛名的奢侈品牌都争先恐后地在中国最时尚的购物区建立大型门店。路易威登在 29 个城市有 36 家店,而 2005 年仅在 10 个城市开设门店。爱马仕从 2005 年的 5 家店发展到今天的 20 家店,增加了 4 倍还多。古奇扩张得更快,如今已有 39 家店(2006 年年初还只有 6 家店)!虽然中国特大城市(北京和上海)将继续保持奢侈品市场的中心地位,但规模相对较小的二、三线城市,如太原、长春、烟台等,市场增速很可能更快。而且,将有更多的小城市会发展到足以吸引奢侈品开设门店的规模。

安永调查显示,中国的奢侈品消费者主要分为两大类:一类是富有的消费者,他们喜欢避开人潮,追求个性化服务,经常光顾奢侈品零售商店,购买最新、最流行的产品,一般不会考虑价格问题;另一类是白领上班族,其中以外企公司的雇员最为典型,他们会花上一整月工资购买一件商品。这些消费者的年龄大约在 20～40 岁,而欧美地区奢侈品消费者的年龄多在 40～70 岁。与之相比,中国奢侈品消费一族是相当年轻的。他们常年奔波在外,购买习惯与 20 世纪 80 年代开始大批出国的日本消费者相似。安永报告也指出,中国的奢侈品市场仍处于初级阶段,消费心态仍以"显示身份"为主。因此,消费者往往追求最新、最流行的商品,属于"商品驱动型消费"。而发达国家的奢侈品市场较为成熟,消费者偏爱"体验驱动型消费",追求能够放松压力的舒适假期或者高品质的服务,例如送货上门的宅配服务等。中国品牌战略协会认为,一个国家奢侈品的消费增长大概应该是其 GDP 增长的两倍左右。因此,当亚洲人面对突然增加的财富时,便毫不犹豫地选择"富贵的标志"——奢侈品,来表明自己新的经济和社会地位,这是一种非常自然的心理需求。

根据麦肯锡的分析,中国的奢侈品消费群体发展将非常迅速。在中国的富裕家庭中,年收入在 30 万～100 万元(4.5 万～15 万美元)的家庭,许多来自二、三级城市,已构成了一个不可忽视的消费客户群,这个群体正以每年 15% 的速度不断膨胀。到 2015 年,中国将会有 560 万户家庭达到这一收入级别。而极端富裕家庭(年收入超过 100 万元,通常拥有的资产超过 1000 万元)的增长速度甚至更快,年增长在 20% 左右,到 2015 年,将有 100 万户家庭达到这一收入级别。未来 5 年,极端富裕家庭将推动奢侈品市场 38% 的增长。在中国的 1300 万中产阶层家庭(年收入 10 万～20 万元,相当于 1.5 万～3 万美元)中,有许多人省吃俭用,不断攒钱,为的就是购买高级手表、珠宝、手袋、鞋和服装等这些曾是富裕人群专属的商品。虽然他们只能偶尔买奢侈品,但占有约 12% 的市场份额,且数量在迅速增长。我们预计,到 2015 年,中国将有 7600 万家庭进入这个收入范围,将占奢侈品消费份额的 22%。

与此同时,中国奢侈品消费观念也逐步理性成熟。互联网的爆发性普及,越来越多的海外旅游以及亲身体验购买和使用奢侈品等,让中国的消费者对奢侈品有了前所未有的了解,也使得他们越来越精明,尤其是在价值与价格的关系方面。同时,他们在消费观念和消费行为上也有着明显的改变。根据麦肯锡的调查,大约有三分之二的奢侈品消费者至少有一次海外购物经验,他们可以比较国内外市场的价格差异。当他们更熟悉奢侈品后,中国消费者不再像从前那样认为昂贵的价格几乎就等同于良好的品质。虽然中国消费者可能很难摆脱大家认为他们爱用假货的印象,但实际情况已开始慢慢改变。消费者求真品的欲望越来越强,也越来越有能力购买真品。中国消费者越来越欣赏正宗的奢侈品。愿意买假珠宝的消费者从 2008 年的 31% 大幅下降到 2010 年的 12%。与求货真愿望一致的是,消费者更看重品质。越来越多的中国奢侈品消费者不再热衷于公开"显"富,开始青睐比较低调的奢侈品消费方式。超过一半的中国奢侈品消费者表示,不想要引人注目的时尚,而 2008 年该比例仅为 32%。41% 的人认为,炫耀奢侈品说明个人品位低俗,而日本和美国持相同看法的人分别为 45% 和 27%。越来越多的中国消费者购买奢侈品满足自己,用奢侈品犒赏自己的意愿在中产阶层里较为普遍,因此中国奢侈品市场有着非常可靠的消费基础。

第四章　消费转型中的经济调整：
中国金融的"格林斯潘之谜"

一、格林斯潘之谜

所谓"格林斯潘之谜"是指美国短期利率上升,但长期无风险利率反而下降的现象。美联储自 2004 年 6 月以来经数次加息后,到 2005 年 6 月份,美国联邦基金利率从 1％提高至 3.25％,但美国 10 年期国债的收益率却从 4.7％左右降至 4.2％左右,下降了 0.5 个百分点(50 个基点),导致美国 10 年期国债与联邦基金利率之间的利差进一步走低。与此同时,长期利率走低成为近 10 年来各主要国家非常明显的趋势。长期利率下降无疑使得中央银行通过提高短期利率引导长期利率上升从而调节宏观经济的努力大打折扣。世界范围内的长期利率下降的趋势刺激投资者追求更高的回报,而这将降低对承担信用风险和其他金融风险的补偿,也即积累了大量的金融风险。以美国为例,由于长期利率持续走低,大量资金涌入房地产和衍生金融行业,致使风险积聚最终引发次贷危机和全球金融危机。中央银行难以通过利率这个单一政策工具同时实现价格稳定和资产价格及金融系统性稳定的目标,后者实际上属于宏观审慎政策范畴并需要其他政策工具配合,而这对未来中央银行政策操作提出了新的挑战。

对于"格林斯潘之谜"人们有着各种各样的解释,而格林斯潘本人进行了很好的总结：居于主导地位的一个假说是，这是市场在发送经济疲软的信号。第二个假说认为，这是养老基金作用的结果。随着退休人口不可避免的增加(尤其是在发达国家)，退休计划的资金供给不足日益引起关注。养老基金和保险公司都不得不在自己的投资组合中加大对长期债券的份额。第三个假说是，国外货币当局积累的大量美国债券影响长期利率。最后一个假说是，苏联解体、中国和印度融入世界贸易体系最终造成这种影响。世界范围的这些新发展使得世界上更多低成本的生产力迸发出来，全球商品、服务和金融市场的扩大对一国维持理想的通货膨胀率是很有益的，与通货膨胀相关的风险溢价无疑就降低了。

　　虽然长期来看，中国经济将随着刘易斯拐点的到来和巴拉萨—萨缪尔森效应的作用，劳动收入和消费将在经历低点后实现倒 U 形反转，但我们指出这一过程并不会一帆风顺。因为，随着刘易斯拐点的来临和社会步入老龄化，一个很重要的问题就是直接投入生产的人口比重将大大降低，而不直接从事生产的老年人口比重将上升，也即社会的人口抚养比将逐渐提高。目前，虽然中国的总人口抚养比仍处于下降趋势，但这主要是由于不恰当的人口政策以及随着社会的转型变迁，年轻人越来越不愿意生孩子，以免加大自己的抚养负担所导致的。目前，少年儿童占比逐年下降，已至 22％左右，但老年人口抚养比则明显上升。越来越多的年轻人都被北京、上海等大城市所吸引，无论是农村还是城市，很多社区甚至全都是满头银发的老年人，中青年人非常少。虽然老年人的增多会使人们进一步增加用于养老的需求，一般老年人的收入将大大下降，并主要依靠过去的储蓄来支付生活开支，因而这也会在一定程度上促进中国的消费并降低储蓄率。不过，在向这一过程转变的过程中，与发达国家类似，如果人们为了完善养老储备，很可能在金融上产生"格林斯潘之谜"的后果，并对消费转型与经济调整带来不利影响。除此之外，就中国来说，利率的完全市场化并向以利率为目标的价格型货币政策调控转型,是中国货币政策的大方向。但是,中国债券市场也存在着类似"格林斯潘之谜"的现象。因此,中国式的"格林斯潘之谜"现象,对中国的消费增长和经济调整,以及未来货币政策变革而言具有极为重要的意义。

二、中国式"格林斯潘之谜"

长期利率过低

过去 10 年,中国债券市场取得了举世瞩目的跨越式发展。2010年,规模已达 20.4 万亿元。据国际清算银行(BIS)调研统计,中国债券市场目前已跃居世界第五位、亚洲第二位。中国债券市场利率已基本放开,但目前长期无风险收益率水平过低且对短期利率反应不敏感,成为中国式"格林斯潘之谜"。

与主要发达国家相比,中国长期国债收益率水平明显偏低。由图4.1 可见,20 世纪 90 年代以来,各国长期国债收益率确实呈现出明显下降的趋势,说明"格林斯潘之谜"确实是世界范围的普遍现象。中国国债收益率不仅大大低于发达国家 90 年代水平,还明显低于 2008 年全球金融危机之前的美国、英国和德国同期国债收益率。只是由于金融危机之后,各国中央银行普遍实行了低利率或零利率政策,而中国的经济和政策周期则与发达国家明显不同,中国的 10 年期国债收益率才高于各国。

发达国家长期利率下降趋势一定程度上与 20 世纪 90 年代以来世界经济的长期"大缓和"有关。大部分发达经济体产出和通胀的波动都稳步下降,并保持了较高增长。在 80 年代成功走出"滞胀"阴影后,各国中央银行有效控制了通胀预期并成功应对了一系列金融危机的冲击。80 年代,发达经济体年均通货膨胀率高达 6.36%,而 90 年代的前后两个 5 年分别降至 3.62% 和 2.03%,而 2000 年以来各国中央银行成功地将通货膨胀率控制在 2% 左右甚至更低的水平,由此长期利率也随着下降。尽管 2006 年之前中国通货膨胀水平较低,但 2007 年以后中国先后

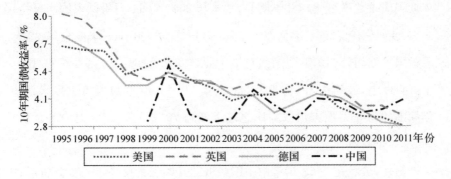

图 4.1　1995 年以来美国、英国、德国和中国 10 年期国债收益率情况

经历了两轮比较严重的通货膨胀周期,而长期国债收益率并没有明显地上升,与发达国家通胀高涨时期的长期国债收益率相比甚至更低。

　　另外,资本回报率的测算,对于判断长期利率水平是否合理,具有关键性意义。例如,根据白重恩等人对中国的资本回报率的估计,中国目前的投资回报率(含所得税等因素)为 16%,从国际比较看,超出美国 10% 左右的水平,而扣除税后的资本回报率也在 10% 左右。换句话说,中国的净资本回报率基本上等于实际增长幅度。

长期利率对短期利率不敏感

　　与长期利率水平较低相伴随的是,中国与投资密切相关的长期利率对短期利率的变化更不敏感。虽然根据利率期限结构的预期理论,长期利率等于未来短期利率的加权平均,但由于中国货币市场发展时间较短,特别是债券市场仍存在较严重的分割和压抑现象,因此预期理论作用的发挥受到了很大的限制,长期利率与短期利率变化的关系并没有理论所揭示的那样明显。例如,在连续上调存款准备金率和加息政策的作用下,中国货币市场利率在 2011 年二季度开始全面上扬,从 6 月份开始 3 月期国债收益率由 2008 年四季度以来的 2.5% 左右一跃上升到 3.2% 以上,一直到 10 月份 3 月期国债收益率仍高达 3.2506%,但是 10

年期国债收益率变化却并不明显,基本与 2010 年 11 月份以来的水平持平,为 4% 左右。2006 年至 2011 年 5 月份,除 2008 年三季度全球金融危机爆发期间外,10 年期国债与 3 月期国债收益率之差都至少在 100 个基点以上,最高达 257 个基点(2009 年 11 月),但 2011 年 6 月以来,10 年期国债与 3 月期国债收益率之差下降到 70 多个基点,9 月份甚至仅为 53.7 个基点。

另外,虽然在 2009 年年中中国经济已开始强劲反弹步入复苏轨道,而美国经济尽管在 2010 年有所好转但在 2011 年重陷低迷,但美国国债的长短期利差则明显高于中国。特别是 2011 年,中美两国长短期收益率之差的差距进一步扩大,说明中国长期利率对短期利率的敏感度有所降低(见图 4.2)。

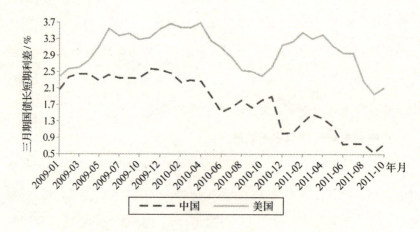

图 4.2　中国和美国 10 年期国债与三月期国债长、短期利差比较

三、中国式"格林斯潘之谜"的潜在影响

中国式"格林斯潘之谜"是一把"双刃剑",既有有利的一面,也有不利的一面。认识到这一现象的存在,对基于货币政策操作和转型,乃至未来中国经济发展和转型,都具有较为重要和深远的意义。

有利于企业低成本融资

中国是以投资和出口驱动为主的经济增长模式,在此情况下,即使利率根据市场供求自由决定,利率仍然可能维持在相对较低的水平,而这将进一步刺激长期投资,推动经济增长。虽然中国对银行贷款利率实行下限管制,而且基准利率水平实际上是长期偏低的,但与债券直接融资方式相比,由于长期无风险收益率曲线偏低,银行贷款基准利率下限仍然是比较高的。特别是对于信用等级较高的准政府企业债券(如铁道部债券)和 AAA 级企业债的长期利率较银行贷款利率下限更低,这表明中国债券市场具有较低的融资成本。

在中国债券市场,一般大型企业(主要是国有企业)的评级都较高。长期债券市场遂成为大型国有企业融资的重要方式,大大减轻了企业财务成本,有力支持了长期投资和经济发展。同时,促使中国以银行为主体的间接金融结构向直接融资方向转变。由于金融创新、直接融资等迅速发展,传统银行信贷以外的融资迅速增长,新增信贷在全社会融资总量中的比重已由最高的 92%(2002 年)下降至 2011 年上半年的 53.7%。

促进消费信贷和消费升级

长期利率偏低还有利于消费信贷的增长,特别是房地产、汽车等消费的发展。1998 年之前,中国并没有针对个人的消费贷款,这也限制了中国消费扩张和消费升级。为了刺激经济的发展,消费信贷在 20 世纪末以来得到了迅速的发展。2011 年三季度末,个人住房贷款余额已高达 6.4 万亿元,占同期贷款余额的 12.1%。2010 年,新增消费贷款占当年全部新增贷款的比重高达 21.8%,也就是说在当年新增的贷款中有将近五分之一用于住房、汽车和其他耐用消费品方面。正是消费信贷等金融的大力支持,极大地促进了居民消费和福利水平的提高。2010 年,城市人均住房建筑面积已达 31.6 平方米,这几乎是 10 多年前个人消费贷款推出之初的两倍。

不利于利率进一步市场化

2010 年,周小川在《关于推进利率市场化改革的若干思考》中明确提出了进一步推进利率市场化改革的条件之一是需要进一步完善货币政策传导机制。无论是在正常经济环境下,还是在危机时期,只有当中央银行货币政策得到充分有效的传导,政策意图作用于金融系统和实体经济的路径才会通畅,才能实现微观利益与宏观、整体利益的相互协调,社会效果才能最大化,副作用也能最小化。经过 10 多年的努力,我国利率市场化已取得重要进展。目前,银行间同业拆借市场和债券市场已完全实现了市场化,并积累了 10 多年的宝贵经验,存贷款利率也仅实行贷款利率下限和存款利率上限的利差管理。但是,作为利率市场化关键一步的基准收益率曲线建设仅刚刚开始。当前我国基准收益率曲线的问题是,期限品种结构不够健全,收益率的市场化决定程度不够高。在成熟市场经济国家,商业银行都是根据无风险的收益率曲线(主要是国债收益率曲线)加上客户的风险溢价进行资金和贷款定价。2007 年 Shibor 正式运行以来,Shibor 货币市场基准利率作用越来越强,但货币市场利率仍属信用交易,需要参考无风险收益率曲线。由于一年以下短期国债发行数量很少,且国债发行未形成规律,我国仍缺乏一条完整的国债收益率曲线。虽然央行票据发行利率一定程度上起到了中央银行目标利率的作用(吴晓灵,2008),但央行票据多为一年以下的短期,最长也仅为三年的中期,且中期央票发行数量较少。因此,长期收益率曲线建设和完善对于实现利率市场化目标具有非常重要的意义。但是,我国中长期国债收益率明显偏低,这显然不利于利率市场化的顺利完成。

不利于向价格型货币政策工具转型

进入 20 世纪 90 年代以后,各国货币政策更加遵循一定的规则并对市场预期高度重视,中央银行普遍采用了以稳定通货膨胀为最主要目标并仅调节短期货币市场利率的货币政策框架,其背后的理论依据就是利率期限结构的预期理论,即中央银行调节短期利率就能够影响长期利率的变化,从而实现货币政策的目标。但是,"格林斯潘之谜"现象的存在,造成长期利率对短期利率变化不敏感,甚至在为抑制经济的过快增长而提高短期利率政策的同时,长期利率出现了相反的变化,长短期利差下降,与投资、消费等密切相关的中长期利率水平较低,这将与货币政策调控的意图相违。

国际金融危机爆发以来,国际社会在反思危机教训过程中已取得不少共识,其中之一就是要保持一定水平的名义利率。例如,由于相对稳定的CPI在国际上长期被视为主要的通货膨胀"锚",单一的政策选择会导致低利率,这很可能会在一定程度上纵容了全球的资产和金融泡沫,累积巨大的金融风险。IMF前首席经济学家布兰查德2010年2月在题为《反思宏观经济政策》的IMF报告中指出:不能只盯住通货膨胀一个变量,而要同时关注包括产出构成和资产价格在内的多个变量。该报告建议各主要经济体的央行应在经济正常的情况下,将控制通货膨胀目标从原来的2%提高到4%,届时短期利率可能在6%～7%。

由于中国主要以投资导向型增长为主,这样为抑制投资的过热,在以利率为目标的价格型货币政策模式下,要求短期利率水平提高。而由于长期利率对短期利率不敏感,为了实现既定的政策目标,必须将短期利率提高到非常高的水平,而这将对金融市场和实体经济带来非常大的冲击,进一步增加了央行使用利率工具的难度。

不利于资源的优化配置和经济的平稳发展

虽然我国存在着金融抑制,其主要标志就是对利率的管制,但自从2004年放开贷款利率上限后,贷款利率并没有出现迅速的上升。在上一轮贷款基准利率上升周期的2006—2007年,金融机构贷款利率上浮占比较2004—2005年还出现一定程度的下降。在加息政策期间,贷款利率实际上升幅度也没有想象的那样大。2011年贷款基准利率较2007

年最高水平低大约 80 个基点,但 2011 年金融机构贷款利率上浮 50％ 及以上贷款占比反而低于 2006—2007 年,2011 年三季度一般贷款的加权平均利率甚至比 2008 年三季度还低 39 个基点。由于长期利率水平过低,而我国又是以投资和出口驱动为主的经济增长模式,在此情况下即使贷款利率根据市场供求自由决定,贷款利率仍然可能维持在相对较低的水平,而这将进一步刺激长期投资,不利于资源的优化配置和经济结构的调整。同时,较低的长期利率与我国较高经济增长所相适应的长期均衡水平下的自然利率水平,也即资本的预期收益率,存在着较大差距,无法完全反映资金的实际供求状况,而这又进一步形成了经济波动的根源。

四、中国式"格林斯潘之谜"成因假说

对于"格林斯潘之谜"人们有着各种各样的解释,但各种解释也并不能完全说明问题。显然格林斯潘本人对这四种说法都不满意。虽然预期经济增长低迷的观点很有见地,但在全球经济中,一些地区明显出现经济看涨的阶段性信号,却也没能阻止长期利率的下降;世界人口年龄结构的趋势并不是什么新闻,而虽有因为养老基金短缺而发生的调整,但其数量远不足以引致长期利率下降;由于长期债券工具的市场非常发达,美联储委员会估计外国政府购买所造成的影响力一般,而且这种购买似乎也无法解释为什么非美元计价的长期债券的利率也在下降;虽然全球化有助于解释通胀下降,但对于短期利率上升而长期利率下降并没有很强的解释力。

尽管国际社会对"格林斯潘之谜"的解释并未达成共识,但显然格林斯潘提到的四条原因都非常重要。就传统的利率期限结构理论而言,格林斯潘所提到的第一条和第四条解释与利率期限结构的预期假说有关,而第二条与第三条则涉及利率期限结构的市场分割假说。不过,最近

10多年的研究表明,市场分割假说逐渐被人们所遗忘,因为随着固定收益市场技术发展和金融资产定价技术的进步,金融市场交易规模不断扩大,市场参与者不断增多,金融市场已经形成了一个统一的整体;而市场预期假说如果没有考虑到期限溢价问题,一般都会被拒绝,而且流动性溢价表现出明显的时变特征。因此,上述四种解释都只是在不同层面说明了"格林斯潘之谜"的原因。

对于我国来说,由于债券市场发展时间不长,市场仍存在很多不完善的地方,因此市场分割假说在我国仍然具有强大的解释力。同时,随着市场机制的不断完善,市场预期的作用越来越强,但也要认识到我国金融市场并非完全的理性预期,还需要考虑其他因素的作用。就我国来说,主要可以找到如下几种假说性解释:

长期经济增长率下降

过去的30多年,中国经济连续保持了10%的高速经济增长,堪称中国奇迹。但这绝非经济发展的常态。中国是投资驱动兼出口导向型经济,这主要得益于人口红利并参与全球分工。但是,这一增长的动力开始弱化。随着人口迅速老龄化,中国已经接近刘易斯拐点和巴拉萨—萨缪尔森效应起点。目前,我国人口已经开始迅速老龄化,并有预计称2015年总劳动人口将开始减少,中国可能很快迎来刘易斯拐点,中国经济终将向常规经济增长路径过渡。2011年,国务院发展研究中心课题组对中期内中国经济增速作了预测,结果显示,中国经济潜在增长率很可能在2015年前后下一个台阶,时间窗口的分布是2013—2017年。目前国内的共识是潜在经济增速将会下降到7%左右。按照这一假设,未来要将中长期通胀预期稳定在2%左右,通货膨胀稳定在4%,中国非加速通货膨胀经济增长率(NAIRG)稳定在8%左右。由于对未来经济增长前景预期下降,因而中国的长期无风险收益率水平也较低。

中长期通胀预期稳定

1996 年以来,我国成功地控制了通货膨胀。1996—2010 年的年均 CPI 仅为 2.06％,这比 1980—1995 年 11.4％的平均水平要好得多。而且,20 世纪 90 年代中期以来,我国物价波动也明显低于之前的水平。20 世纪 80 年代末我国物价涨幅一度接近 20％,而 1994 年更是高达 24.1％,但最近 10 多年来我国物价基本保持在 3％左右,1996—2010 年 CPI 的标准差仅为 2.78,而 1980—1995 年则高达 6.88。正是由于成功控制了通货膨胀,因而人们对未来通胀预期也随之减弱,因而长期利率也不会很高。

老龄化加速

随着中国逐步进入老龄化社会,养老金日益成为社会关注的重点。根据蔡昉(2010)等很多学者测算,2015 年中国总劳动人口将开始减少,2030 年总人口将开始下降。中国人口老龄化向发达国家趋同的速度超过人均收入趋同的速度,形成"未富先老"的格局。老年人的生命周期缺口问题理论上可通过资产(如退休计划、个人储蓄、家庭、耐用消费品、企业等的资产)积累得到解决。当老年人更多依赖于自身积累的资产养老时,对年轻人口造成的负担将相应减轻。但是,中国养老金体系的实际情况却是之前的养老金积累不足,只是最近十几年才开始加强养老金体系建设。随着老年人与劳动年龄人口比例的上升,通过现收现付制的公共社会保障体系为这些老年人的消费提供资助将更加困难,其个人积累资产成为自我保障的主要渠道。而各种"个人账户"资产存量与预期存量差距很大,需要"恶补"。2008—2010 年,中国保险业寿险保费收入年均增速高达 30.3％,比全部保费收入高 2.5 个百分点;企业年金缴费金额增速更是高达 68％。同时,中国老龄化加速和全民社会保障体系的完善,养老基金和保险基金会增大对长期国债的需求量,而这将提高长期国债的价格,致使长期国债利率偏低。但是中国的债券市场中,中短期债券占据了非常大的比重,而长期债券供给相对较少。这样,势必将提高长期债券价格,致使长期利率偏低。

长期债券供给不足,流动性较差

财政政策和货币政策是最主要的宏观政策工具,但随着金融市场的发展和货币政策有效性的提高,发达国家财政政策作为宏观经济调节工具的重要性大大降低。特别是很多国家不负责的社会福利开支使其债台高筑,进一步挤压了逆周期性财政政策空间。很多政府都意识到应适当调低其目标债务水平,以便经济出现大的波动时,政府能够有充足的"财政空间",以提高具有"自动平衡器"类的财政政策作用。经历上一次4万亿扩张性财政政策后,我国财政政策刺激经济的能力已明显不足,并且面临很大的隐性财政负担(如当前大规模政府融资平台的或有债务,以及养老金、医疗等社保体系建设),中国债券市场规模仍然有限。根据BIS的数据,2010年美国和欧元区16国债券市场余额分别为3.24万亿美元和2.48万亿美元,占GDP的比重分别高达229.98%和203.88%,但当年中国债券市场余额仅为3031.4亿美元,占GDP的比重仅为51.57%。从发行来看,10年期以上长期债券在各类型债券中的比例也是非常小的。为了保持债务可持续性和留存一定程度的"财政空间",财政政策总体上可能较为稳健,导致长期国债发行量有限,这将进一步限制长期无风险债券的供给,不利于市场的深化和长期收益率曲线的培育。

与债券市场规模有限相伴随的是,我国公司债券,特别是长期公司债券发展明显不足。从债券市场结构来看,美欧债券市场主要以公司债和金融债为主,2010年政府债券余额占比分别仅为市场的34.36%和35.05%,我国则高达53.53%。显然,今后我国债券市场应更多地发展公司信用债和金融债,丰富债券市场品种。从发行来看,10年期以上长期债券在各类型债券中的比例也是非常小的。这样,银行和保险公司等金融机构用于投资长期债券的选择非常少,而政府支持机构债则具有准政府债券的性质,应该成为我国长期债券市场重要的发展方向。

由于我国长期债券(无论是国债还是非政府债券)供给都存在严重不足,而银行和保险等金融机构对长期债券存在非常强烈的需求,因而债券市场存在"短肥长瘦"的现象。由于全国性商业银行在一级市场承销中占有非常大的市场份额,因而往往长期债券在一级市场上就被超额认购。同时,我国长期债券很少进入二级市场的现券交易之中,一般都是持有日到期。二级市场现券买卖主要是以央票为主的短期债券交易,这一定程度上导致长期债券市场流动性不足,进一步导致长期债券市场利率的形成机制不合理,缺乏必要的市场深度。

五、应对之策

虽然我们对中国式"格林斯潘之谜"提出了四个可能的原因,但与格林斯潘本人对有关解释也都不满意一样,我们的假说也未能够对此进行充分的解答。例如,尽管中国的中长期增长率将下降,但未来中国的潜在经济增速仍然较发达国家 2% 左右的增长水平高得多,因而无法解释为什么中国的长期利率要大大低于发达国家。同时,我国的通胀预期在通货膨胀中的作用越来越大,既有较强的惯性,也是根据政策和物价走势对通胀趋势进行的判断,因而既包含了适应性预期,也有理性预期成分,属于"瞻前顾后型"通胀预期。随着劳动力供给逐步趋紧,巴拉萨—萨缪尔森效应,即国际贸易中要素价格均等化效应,将最终发挥作用。非贸易品价格可能会出现加快上涨,进而推动成本的上升和整体物价水平的上涨。由于我国非贸易产品大多是低生产率且人工密集型产品,这也是这些部门劳动力分享经济高增长收益的重要途径。这种趋势性的成本推动的通货膨胀不可能使通胀预期降低。

长期债券供求存在巨大的矛盾,导致价格偏高、利率偏低,而且基本上是持有日到期,对短期利率调整不敏感。一方面由于老龄化等因素需求巨大,另一方面,合格企业数量不足等因素造成供给不足。因此,中国式"格林斯潘之谜"仍有待各方深入研究和探讨。或许,长期债券的巨大需求与老龄化社会所导致的高储蓄率经济结构是造成这一现象的重要因素,而未来中国经济增长适当减速,也将在一定程度上使较低的长期利率具有合理性。

中国式"格林斯潘之谜"既可以"擅用",也需着力破解。在已经取得巨大实效的基础上,今后应继续大力发展债券市场,特别是长期债券市场。在发展国债市场的同时,利用中国式"格林斯潘之谜",加大长期国债的发行量。在控制风险的前提下,大力发展准国债性质的政府支持资产机构债券,积极培育合格企业发行长期债券,使短、中、长期都有良好的、充足的债券产品,增加市场深度和流动性。

鼓励企业发长期债券,投资国家战略性新兴产业和发展绿色经济,利用中国式"格林斯潘之谜",加速结构调整和升级。通过改革提高市场效率,构建有效的基准收益率曲线,为金融机构及各个金融市场运作提供较真实的利率基准。

货币政策也要探索丰富公开市场操作手段,逐步加大价格型工具的作用,有效引导市场预期,加强市场参与者对市场利率,特别是长期利率的敏感性,从而真正实现向符合市场经济要求的货币政策转型。全球金融危机的一个教训在于,中央银行难以通过短期利率这个单一政策工具同时实现价格稳定和资产价格及金融系统性稳定的多种目标,这需要宏观审慎政策与货币政策相配合。

第五章　由新梅花到牡丹时代：
中国宏观政策的中长期挑战

　　改革开放后,中国经济保持了高速增长,其中农村劳动力转移和劳动人口占比持续上升不仅为中国经济发展提供了充足的劳动力供给,也通过高储蓄率保证了资本存量的不断增加。中国是投资驱动兼出口导向型经济。一方面,中国是高储蓄率的转轨经济,高储蓄率就有可能支持较高的投资,转轨经济仍旧有一些财务软约束的现象。从过去的历史经验来说,较高的投资可能会造成过热,带来周期性过热问题。另一方面,中国是出口导向型经济,在国内消费不振的情况下,容易受到外需影响。外需不足会导致产能过剩,如果通胀预期变负,进而有通货紧缩的风险。但是这一增长的动力开始弱化,中国经济已经接近刘易斯拐点和巴拉萨—萨缪尔森效应起点。过去30年支持中国高增长的发展模式将不可持续,刘易斯拐点和巴拉萨—萨缪尔森效应起点的越过将为中国宏观调控带来挑战。

　　"十二五"规划指出,"提高宏观调控的科学性和预见性,增强针对性和灵活性,合理调控经济增长速度,更加积极稳妥地处理好保持经济平稳较快发展、调整经济结构、管理通胀预期的关系,实现经济增长速度和结构质量效益相统一"。要提高宏观调控的科学性和预见性,就需要对宏观调控面临的中长期环境有个较准确的预期和判断。

一、中国经济外部环境的变化

世界经济增长出现"双速"格局

进入 21 世纪以来,全球经济增长的一个显著特征就是新兴市场经济国家的崛起。2001 年高盛公司首次提出"金砖四国"概念,并在 2003 年发表了一份题为"与 BRICs 一起梦想"的全球经济报告。报告估计,到 2050 年,世界经济格局将会经历剧烈洗牌。全球新的六大经济体将变成中国、美国、印度、日本、巴西和俄罗斯。事实上,这一预测还是保守了一点,特别是在对抗此次全球金融危机的过程中,以金砖国家为代表的新兴经济体保持了高速的经济增长,成为引领全球经济复苏的重要力量。中国出口多元化进展顺利,已经从主要依赖发达经济体转为同时依赖日趋放缓的发达经济体和正在崛起的新兴经济体两大国际市场。

发达经济体复苏乏力、增长缓慢

开放和参与全球分工无疑极大地促进了中国的经济增长,而这又很大程度上得益于过去几十年世界经济的长期"大缓和",大部分发达经济体产出和通胀的波动都稳步下降,并保持了较高增长。各国中央银行有效控制了通胀预期,成功应对了 1987 年股灾、拉美和东亚金融危机、LTCM 破产、互联网泡沫破灭和"9·11"等不利事件的冲击,由此催生了盲目乐观的情绪,而危机也悄然而至。如今,在"大萧条"以来最严重的危机爆发三年多后,世界经济反而更让人悲观。在经历 2010 年短暂反弹后,美欧经济又重新陷入新一轮金融动荡之中,这严重打断了全球经济复苏的步伐,发达经济体步入缓慢曲折的复苏过程。美国失业率长期居高不下,欧洲债务危机迟迟没有彻底解决的方案,而作为前世界第二大经济体的日本也已经深深地陷入第二个"失去的 10 年"而不能自拔。

事实上,从很多迹象来看,美欧也正滑向"失去的 10 年"。甚至连萨莫斯在 2011 年 6 月份都承认,美国正在处于"失去的 10 年"的过程中。

且不论一波三折命运多舛的欧元区,对比一下美国的现状与当年的日本泡沫破裂阶段是何其相似。过去的五年,美国经济年均增长不到1%,失业率已连续两年多在9%以上,这是25年来最糟糕的一段时期;商业银行仍不愿意承担过多的信用风险,工商业贷款仍然在持续萎缩,家庭仍在去杠杆化过程中,其负债比率已调整至20世纪90年代中期水平。美联储决定将零利率至少维持到2013年,这与当年日本的做法完全相同。美欧等发达经济体为缓解庞大公共债务负担,只能是依靠一轮轮量化宽松和不断膨胀的中央银行资产负债表,带来大量流动性。正如2011年9月份IMF最新发布的《世界经济展望》报告中指出的,目前全球经济已步入一个新的危险阶段,经济活动减弱,失衡状况进一步恶化,金融市场近期波动剧烈,下行风险日渐增大。

尽管不确定性增加,但新兴经济体仍将保持快速增长

尽管发达经济体复苏乏力、经济增长缓慢,国际经济环境和增长前景的不确定性再次增加,但新兴经济体增长依然比较强劲。特别是,巴西和印度等长期以国内消费作为增长引擎的国家,并不需要过多收紧政策便能抵御国外需求减弱对产出造成影响。而且,与发达国家相反,这些国家现在面临的主要任务是应该继续推行紧缩性政策,以对抗持续居高不下的通货膨胀。而以中国为代表的很多新兴经济体国家,正在努力实现经济转型,经济发展越来越多地依赖内需,这将带动这些国家的进口,并为全球经济提供新的经济增长点。

当然,在发达经济体复苏乏力的大背景下,新兴经济体将面临更为复杂的国际经济环境,特别是需要应对更不稳定的国际资本流动,而有些新兴市场经济国家已接近过热状态,有可能面临出口下降和资本急剧流出等形势迅速逆转的极端不利情况,这给其经济调整带来了更大的不确定性。不过,总体上看,新兴市场国家和广大发展中国家经济仍然是健康的。正如IMF指出的,这些国家面临的内在风险没有欧美国家严

重,虽有增幅放缓的趋势,但增长依然强劲,预计未来新兴市场经济国家仍能保持 6%以上的经济增长,而且这是一个较为稳健的增长率。

发达经济体货币政策维持宽松环境,资产操作可能成为常规手段

虽然全球金融危机已爆发三年多,但国际金融市场仍然难见起色,甚至形势更不稳定。因此我们应深刻总结和汲取美国金融危机的经验教训,高度关注开放条件下各经济体货币政策的外溢效应和相互影响,密切监测国际金融形势和资本流动变化。

主权债务危机与银行危机成为新"孪生兄弟"

正如全球金融危机爆发之前 Reinhart 和 Rogoff(2009)对全世界800 年的金融危机史的开创性著作中所总结的,尽管危机的类型不断转换,但金融危机总是会周期性地爆发,而且大规模的金融危机往往会导致主权债务危机。如今,发达经济体正向这一步迈进,并且此次危机也表现出了与以往不同的形式,那就是银行体系首次因国债发生危机,金融危机—主权债务危机—银行危机,形成了当前危机新的演化路径。国际资本市场对很多国家稳定其公共债务的能力的怀疑显然加重了。在一段时间里,这种担忧大多还仅限于少数几个欧洲小型边缘国家。但随着时间的推移,以及增长前景的逐渐黯淡,更多欧洲国家乃至欧洲之外的国家——从日本到美国——都成为人们担忧的对象。对主权债务的忧虑已转变成对持有这些主权债券的银行(主要在欧洲)的忧虑。这些担忧导致了金融流动的部分冻结,银行不得不保持高水平的流动性,不断收紧其贷款条件。人们对未知充满了恐慌,银行评级也因此下降,股票市值大跌,导致拆借成本飙升。银行业自身将不得不面临资本重组的安排,而金融体系的流动性紧张也不可避免地提高信贷市场成本,进一步加剧经济的衰退。同时,银行体系流动性枯竭也使主权债务市场环境恶化,进一步恶化了主权债务危机。资产的缩水和经济的收缩也将推动全球的金融避险情绪,新兴经济体除对欧洲出口将下降外,更主要的将

可能面临汇率的剧烈波动和大量资金的外流,从而影响自身的金融稳定。

中央银行在金融稳定中发挥更大作用

一般情况下,对危机机构的救助主要是由政府负责。但是,此次危机暴露了各国政府财政宏观经济"自动平衡器"作用的明显不足,虽然也认识到了扩展"财政空间"的重要性,但毕竟远水不解近渴。中央银行拥有最后贷款人的职能,使其在此次全球金融危机后,在被赋予更多金融稳定和宏观审慎职责的同时,也要求其在稳定市场方面发挥更大的作用。不幸的是,此次全球金融危机的爆发,使私人金融机构间的彼此信用彻底丧失,甚至连一些国家的政府信用也被市场唾弃。很难想象 10 多年前 LTMC 危机时,仅由美联储牵头出面安排各家金融机构对其援助,没花联储一分钱就成功避免危机进一步恶化的情形,会在今天发生。中央银行只能降低利率,继续维持宽松的货币环境,尽可能地减少金融机构和政府的融资成本,以利于市场信心的恢复。

然而,在极端情况下,即使是零利率也无法诱使机构恢复信心,任何金融机构都不愿承担任何信用风险,这只能依靠中央银行为市场提供流动性。同时,基于对 20 世纪 30 年代"大萧条"的经验认识(Friedman and Schwartz,1963;Bernake,1995),尽管名义利率水平可能已经非常低,但实际利率仍可能是非常高的,即使是零利率对于萧条时期的经济增长可能也是无能为力的。为此,只能是通过中央银行资产负债表的变化,购买债券膨胀中央银行资产规模,调整资产的期限结构,向经济注入大量资金,以此促进经济的稳定和恢复。显然,量化宽松政策的前提是社会不存在通胀预期,且央行的资产操作能够挽救因流动性危机而引发的清偿性危机甚至是系统性危机。全球金融危机爆发后的三年多后,需要对资产操作如量化宽松政策的具体效果和手段创新问题作全面的研究。不排除一种可能,资产操作不再是"非常规手段",而成为新的常规手段。

二、中国经济内部环境的变化

国际收支盈余持续存在

根据中国人民银行的评估,2005 年 7 月汇改以来,人民币对美元双边汇率升值 30.2%,人民币名义和实际有效汇率分别升值 13.5% 和 23.1%,经常项目顺差与 GDP 之比在 2007 年达到历史最高点的 10.1% 后明显回落,这些事实充分说明,人民币汇率正逐渐趋于均衡合理水平。很多人认为,随着人民币汇改进程的加快及升值趋势的减弱,我国外汇占款迅速上升的势头将难以持续。显然,这种观点过于乐观。我们从日本的经验就能看出。从 1971 年布雷顿森林体系崩溃到 1984 年,日元始终保持小幅升值态势,但除两次石油危机期间贸易账户出现逆差外,日本始终保持了高额贸易顺差。特别是 1985 年广场协议后,日元的大幅迅速升值并没有消除反而是扩大了贸易顺差。1986 年贸易顺差较 1985 年增加了 385.3 亿美元,外汇储备增加了 153.3 亿美元。虽然之后日元兑美元汇率出现一定波动,但基本都在 80~120 日元之间。日本始终保持了大规模贸易顺差,外汇储备迅速增长并突破了 1 万亿美元。另外,虽然日本央行更不情愿日元升值而倾向于干预外汇市场,但根据新任欧央行行长德拉吉(2011)所说,2004 年以后日本仅采取过两次外汇干预措施。可见,即使是人民币迅速大幅升值,也难以扭转资金大规模流入的趋势。一方面,由于我国内需长期不足,高储蓄导致经常项目结构性顺差,而储蓄率是中国经济转型的关键指标之一。中国人民银行行长周小川在《国际收支走势及其调整的过程》一文中指出,"总体而言,储蓄率的调整在时间周期上相对更长一些,甚至是超过中期。这就是说,对储蓄率调整要有更长远的眼光和耐心"。同时,由于基础设施、劳动力综合成本等方面的优势,我国已成为全球重要的贸易加工基地。因此,中国的贸易顺差将长期存在。另一方面,由于发达国家经济

第二篇 新梅花时代:消费崛起

复苏乏力并长期实行低利率政策,大量直接投资和套利资金将不断涌入我国。

成本推动的通货膨胀和潜在增长率下降

受巴拉萨—萨缪尔森效应起点及刘易斯拐点影响,中国作为世界加工厂的"价格时代"已开始褪色,潜在产出也将下降。30 年 10% 的年均高增长很大程度上得益于劳动人口占总人口的比例不断上升的"人口红利"。但是,目前我国人口已经开始迅速老龄化,并有预计 2015 年总劳动人口将开始减少,中国可能很快迎来刘易斯拐点,即劳动力市场从过剩逐步转向不足。随着劳动力供给逐步趋紧,巴拉萨—萨缪尔森效应,也即国际贸易中要素价格均等化效应,将最终发挥作用。非贸易品价格可能会出现加快上涨,进而推动成本的上升和整体物价水平的上涨。由于我国非贸易产品大多是低生产率且人工密集型产品,这也是这些部门分享经济高增长收益的重要途径。因此,货币政策很难对这种趋势性成本推动的通货膨胀作出有效反应,因而有必要对这种成本推动的通胀作出一定程度的容忍。

社保体系不健全下的消费增长存在不确定性

尽管我国正迅速步入老龄化社会,人口抚养比将显著上升,这将在中长期降低我国的储蓄率并刺激消费的增长。但是,由于我国社会保障体系不健全,增加了预防性储蓄,并影响了消费的增长。同时,由于过去我国社保体系以现收现付为主,客观上也要求年轻一代增加储蓄以应对不断提高的赡养率。虽然消费信贷一定程度上能够刺激消费,但预防性储蓄和年轻一代的养老金缴存压力的增加,也使消费信贷面临两难。虽然经过近 10 年的努力,我国今年正式确立了覆盖城乡的社保体系,但这仅是健全社保体系的开始,其作用的真正完全发挥仍需时间。而且,制度设计等技术上的问题更为复杂。例如,仅实行一年多的北京医保新政后,医保基金结余迅速下降,这是当时有关各方意想不到的。社会保障体制上的缺陷可能阻碍想要加大消费比重的货币政策的传导,使货币政策效应减弱。但是,此次全球金融危机及历次金融危机的经验表明,货币政策和金融稳定的一大威胁就是财政赤字,而很多国家财政赤字主要是因为社会福利开支过大。因此,一方面,我国的社会保障体系建设,即要保证全社会的基本保障问题,也要根据我国的实际情况量入为出,循序渐进,绝不可一蹴而就。另一方面,虽然我国的经常性财政赤字比重不大,但要意识到社保体系中隐性财政缺口问题,并要随着经济的增长逐步消化社保的历史欠账。

公共债务可持续性面临挑战

经历上一次4万亿扩张性财政政策后,我国财政政策刺激经济的能力已明显不足。由于生育率的迅速下降,平均寿命的延长,中国社会的人口老龄化速度要远远超过世界平均水平,这种情形的出现是20世纪80年代始料未及的。按照国际上60岁以上老年人口达到10％、65岁以上老年人口达到7％即进入老龄化社会的标准,中国在1999年就已经进入了老龄化社会,当时的人均GDP仅1000美元。而发达国家在处于老龄化门槛时的人均收入远远高于1000美元,所以中国社会是"未富先老"。财政的中长期规划应及早考虑这个养老金缺口问题。特别是10～20年后中国经济将从"高速增长时代"进入"中速增长时代",财政收入增长也不可避免地减缓,而财政花费的增长还难以预测。除养老支出外,还有三项必须增加的财政支出,总花费可能占GDP的15％以上,它们同样不容忽视:第一,2009年颁布的中国新医改方案将覆盖全体国民,未来40年,医疗花费将随着人口老龄化显著上升;第二,中国财政用于教育的支出占GDP的比例需要逐渐增加到5％;第三,建设"创新型国家"的必要投入。2002年,中国财政对研发的投入突破GDP的1％大关。未来需要政府对研发长期投入,2020年后还需要长期保持占GDP相当比例的财政投入。并且,面临隐性财政负担(如当前大规模政府融资平台的或有债务,以及养老金、医疗等社保体系建设)。中国公共债务负担会逐渐加重,保持债务可持续性是一个重要的挑战。需要及早谋划,逐步弥补社会养老保险和医疗保险存在的巨大缺口。

金融结构向直接融资方向转变

近年来,我国金融总量快速扩张,金融结构多元发展,金融产品和融资工具不断创新,证券、保险类机构对实体经济资金支持加大,商业银行表外业务对贷款表现出明显替代效应。新增人民币贷款已不能完整反映金融与经济关系,也不能全面反映实体经济的融资总量。据初步统计,2002 年新增人民币贷款以外融资 1614 亿元,为同期新增人民币贷款的 8.7%。2010 年新增人民币贷款以外融资 6.33 万亿元,为同期新增人民币贷款的 79.7%。人民币贷款以外融资快速增长主要有三方面原因:一是直接融资快速发展。2010 年企业债和非金融企业股票筹资分别达 1.2 万亿元和 5787 亿元,分别是 2002 年的 36.8 倍和 9.5 倍。二是非银行金融机构作用明显增强。2010 年证券、保险类金融机构对实体经济的资金运用合计约 1.68 万亿元,是 2002 年的 8 倍。2010 年小额贷款公司新增贷款 1022 亿元,比上年增长 33.4%,相当于一家中小型股份制商业银行一年的新增贷款规模。三是金融机构表外业务大量增加。2010 年实体经济通过银行承兑汇票、委托贷款、信托贷款从金融体系融资分别达 2.33 万亿元、1.13 万亿元和 3865 亿元,而在 2002 年这些金融工具的融资量还非常小。我国以银行为主体的间接金融结构正向直接融资方向转变,微观主体的信贷和融资行为发生了明显变化。

金融脱媒发展

我国货币政策之所以以数量调控为主,一个很重要的理由就是金融结构以银行间接融资为主,银行信贷是货币政策传导的主要渠道。但是,一方面,由于金融创新、直接融资、金融机构表外业务和非银行金融机构的迅速发展,传统银行信贷以外的融资迅速增长,新增信贷在全社会融资总量中的比重已由最高的 92%(2002 年)下降至 2011 上半年的 53.7%。另一方面,由于我国仍存在一定的金融抑制,利率、汇率并未完全放开,金融脱媒已经成为一个非常明显的现象。近年来理财产品的迅猛发展就是一个非常好的证明。根据中国银监会的数据,2005 年我国银行仅发行理财产品 598 款,发行规模仅为 2000 亿元,到 2010 年银行理财产品发行已达 1.18 万款,发行金额高达 7.05 万亿元。特别是,受通货膨胀压力加大,存款利率持续为负,房地产和股票资本市场持续低迷等因素的影响,银行理财产品发展迅速,2011 年上半年我国银行理财产品发展异常迅速,产品发行数量已接近 2010 年全年水平,而发行规模则超过 2010 年,高达 8.5 万亿元。理财产品在某种程度上是对银行存款的替代,这影响了货币供应量的统计,并对货币调控带来了一定困扰。

资产泡沫风险存在

当经济由高速增长阶段回归较低增长阶段过程中,必须意识到这是经济正常的发展路径。如果此时根据过去的经验一味追求经济的高增长,那么就很有可能陷入资产泡沫化的风险。例如。日本经济在 20 世纪 80 年代中期达到顶峰后,经济不可能再像六七十年代那样的高速增长。但是,日本的决策当局并没有意识到这一点,而是过分自信和迷信政策的刺激作用。为了应对广场协议的不利影响,日本实行了低利率的宽松货币政策,力图使经济维持在高速增长水平,但最终的结果却是放任了资产泡沫的发展并最终导致泡沫崩溃和陷入痛苦的"失去的 20 年"。这里,需要澄清的一个误解是,国内对日本"失去的 20 年"的解读,往往归咎于广场协议的日元被迫升值,但这在国际和日本国内并非主流。日元升值至多只是其中因素之一,并不是最重要的因素,极度宽松的货币政策和资产泡沫才是症结所在。长期在日本财务省任职的现任亚洲开发银行行长黑田东彦就是这一观点的代表。同样是根据广场协议而大幅升值的德国则主动调整经济结构,在汇率升值和国家统一的双重冲击下,经历了较长时期高失业率的痛苦调整后,最终成为欧洲经济的引擎,其转型的成功经验也可以说明这一点。这一点我国应引以为鉴。虽然经历了 30 年的高增长,但城镇化进程仍有非常大的空间。特别是,由于城乡二元结构,当前的城镇化水平实际上是被高估的,而城镇化进程对于人口迁移、消费和服务业的发展具有非常大的作用,也是我国未来经济增长的新动力。但是,我们必须意识到,城镇化并不意味着仅是房地产市场的发展,也并不意味着仅是一种刺激经济增长的手段。相反,城镇化应该是作为社会各个阶层最有效率分享经济发展成果的结果表现,因此在经济回归常速增长阶段过程中,不应过分依赖传统刺激手段使经济保持原有高增长水平,这样的结果只能是最终导致房地产的泡沫。

三、变革中的政策应对

中国中长期宏观调控面临的环境挑战主要是适应中国经济模式的转变,逐步学会在一个更具广泛性、与国内消费联系更大、对出口和投资依赖程度较小的增长模式中操作。在跨过刘易斯拐点和巴拉萨—萨缪尔森效应起点后,由于劳动力供应的逐渐紧张,劳动者收入获得提升,从而提高了劳动者收入在国民收入中的比重,同时实际有效汇率升值。伴随着劳动者收入占比的上升,消费兴起,储蓄率下降,经济增长的动力逐渐从投资带动型转化为消费拉动型。但是,经济结构转型不一定是一帆风顺的。日本在 20 世纪 80 年代末以著名的"前川报告"发表为标志,开始对国内经济进行调整,就是要转向内需为主的经济,但是现在两个 10 年都过去了,还没有真正学会如何实现以内需为主的经济增长。

所以,宏观控制需要敏锐和冷静判断我国经济结构调整的速度,不刻舟求剑,也不拔苗助长。正如中国人民银行行长周小川在《国际收支走势及其调整的过程》一文中指出，"从这个角度来看，我们自身的结构调整速度还是比较明显的。但是我们也要看到，在全球经济复杂运动的背景下，大家还有一个相对调整速度的问题，就是相对速度最后会决定于结构调整的效果是否能达到我们的预期目标。"

新牡丹时代：
供给创新①

① 哈尔滨市政协财经委员会副主任赵炳阳对此文亦有贡献，作者表示感谢。

第六章　科学革命推动生产力革命

一、科学是生产力发展的革命性力量

生产力是经济社会发展的决定力量。马克思主义经济学指出生产力是人类改造自然、征服自然的能力，是经济社会发展的推动力。生产关系是人们之间的经济社会关系，它并不直接表现为生产力，它是生产力赖以实现和发展的外部条件，是生产力运行的外在形式。生产力是最革命的因素，是社会发展的最终决定力量，生产关系需要适应生产力的变化。生产力和生产关系、经济基础和上层建筑的矛盾，构成社会的基本矛盾。这个基本矛盾的运动，决定着社会性质的变化和社会经济、政治文化的发展方向，人类社会的发展就是先进生产力不断取代落后生产力的历史进程。当生产关系适应生产力发展时，会促进生产力发展，当生产关系不适应生产力发展时，会阻碍生产力发展，但这种阻碍不是永久性的，会产生一系列社会矛盾，进而引发社会变革。最终，生产关系会或慢或快地改变直至适应生产力的发展需要。

科学越来越成为推动生产力发展的最主要力量。[①] 马克思明确提出："在这些生产力中也包括科学。"生产力发展的内因或动力，在于构成

---

　　① 姚余栋在《重燃中国梦想——中国经济公元 1 年至 2049 年》(中信出版社，2010 年)中作了详细阐述。

生产力的诸要素的发展变革,科技革命与创新、先进机器设备的利用、管理创新、经济结构的调整与优化等,都会影响生产力的发展。马克思明确指出科学和科学化的技术对生产力的推动作用:"随着大工业的发展,现实财富的创造较少地取决于劳动时间和已消费的劳动量,较多地取决于在劳动时间内所适用的动因的力量,而这种动因自身……取决于一般的科学水平和技术进步,或者说取决于科学在生产上的应用。"①1883年,马克思逝世的时候,恩格斯曾经写道:"没有一个人能像马克思那样,对任何领域的每个科学成就,不管它是否已实际应用;都感到真正的喜悦。但是,他把科学首先看成是历史的有力的杠杆,看成是最高意义上的革命力量。而且他正是把科学当作这种力量来加以利用,在他看来,他所掌握的渊博的知识,是有关历史的一切领域的知识,用处就在这里。"②恩格斯的这段话,不仅高度评价了马克思的科学精神,而且明确概括了科学特别是科学革命对生产力发展的巨大推动作用。邓小平站在新时代的高度,基于现代科学技术的更为突出的作用,提出了"科学技术是第一生产力"的论断。

但马克思没有明确指出科学变化的来源,没有对生产力的变化规律给出具体模型,这是由于科学在马克思生活的时代刚刚起步,不可能总结它的发展规律。我们不能苛求马克思,作为一个伟大的经济学家,马克思的思想深度已经远远超过了他所处的时代。

自从科学的"潘多拉盒子"被打开后,科学便获得了迅猛发展。研究科学发展规律的科学哲学日益重要起来。哲学家康德注意到这个问题,他在《未来形而上学导论》中说,"不管是证明我们自己的有知也罢,或者无知也罢,我们必须一劳永逸地弄清这一所谓科学的性质,因为我们再

---

① 《马克思恩格斯选集》第46卷(下),人民出版社1965年出版,第217页。
② 《马克思恩格斯全集》第25卷,人民出版社2001年版,第592页。

不能更久地停留在目前这种状况上了"。

本书在姚余栋专著《重燃中国梦想——中国经济公元 1 年至 2049 年》(中信出版社,2010 年)基础上,尝试把科学哲学引入马克思主义经济学,探讨把马克思主义经济学和库恩科学范式相结合,提出"马克思库恩定律",从科学革命的角度对推进生产力革命给出一些新解释。

二、库恩的科学范式提出了科学发展的规律

在科学哲学中,科学通过科学革命发展的模式最有影响力。在总结过去 200 年的科学发展过程中,美国科学哲学家托马斯·库恩于 1962 年发表了《科学革命的结构》,提出了一个较精确且影响深远的模型。库恩的论述是以"范式"这个概念为基础的。范式,英文是 paradigm,指某一学科内被人们共同接受、使用并作为交流思想的一套共同的概念体系和分析方法。库恩说,"所谓范式,就是一组共有的方法、标准、解释方式或理论,或者说是一种共有的知识"。

在库恩看来,在一个公认的范式中,科学家们的活动被称之为"常规科学",这种活动通常是由"解难题"构成的,这也就是增加业已得到共同承认的知识的储备。以库恩的话来讲,"常规科学"是科学群体共同分享的一系列模式和假设,通常在严谨的逻辑框架下运行,如果没有大胆的探索精神是断不可能打破这些框架的。而处于"常规"下的科学家们远非客观,他们有理由持守"正统"的理论,而倾向于在现有的架构内寻找问题的答案。"常规科学"是缓慢、连续、稳定和积累的变化,"常规科学"只是在科学首创确立以后的"精湛化"。例如,癌症和艾滋病是目前威胁人类的两大疾病,由于有共同的研究规范,全球科学家组成的"科学共同体"能集中精力于攻克癌症和艾滋病上,近年来进展惊人,两大疾病已经不像以前那样可怕了。试想,如果没有共同的研究规范,"科学共同体"就没有办法组成,更谈不上把它集中到某一个前沿领域上。

库恩认为,"常规科学"的改进不会永远持续下去,终究会"碰壁",导致危机和革命。在一个范式的框架内,"常规科学"会一直延续下去,直到出现反常时为止。反常最终会导致一场危机,随之而来的就是一场将要产生新范式的革命。科学中的革命,就是一种范式向另外一种范式的转换,科学中出现的危机引导新的范式的产生,从而导致了原有范式的转换。

什么是科学革命呢?库恩指出,革命是对世界看法的改变。他写道:"根据现代编史工作的要求审查过去的研究记录,科学史家也许会惊呼,当规范改变时,这个世界本身也同它们一起改变。科学家们在新规范的指导下采用新工具观察新领域,甚至更重要的是,科学家们在革命期间用熟悉的工具观察他们以前已经观察过的领域时看到了新的不同的东西。这有点像把这个专业团体突然运送到另一个行星上去了,在那里熟悉的对象是以不同的眼光来看待的,并且是由不熟悉的对象联结起来的。当然,那种情况并没有发生:没有地理上的移植,实验室外面日常事务通常也像以前一样在继续。尽管如此,规范改变确实使科学家们用不同的方式去看待他们的研究工作约定的世界。就他们只是依靠由他们看到和做到的那个世界而论,我们也许想要说,在一次革命以后,科学家们是对一个不同的世界在作出回答。"

科学的革命就是范式的革命。随着事物的发展,科学家也会发现这样那样的一些现象或问题,这些现象或问题用以往的范式往往难以解释或者很好的解释,这些反常的现象与我们先入为主的范式相冲突,与预期不符,也使得科学家往往无所适从。在经过了各种在既定范式下的假定解释无果的情况下,就会使得一些科学家转而怀疑这些既定范式的正确性。当问题变得尖锐化的时候,一些科学家会提出新的理论,进而逐步形成新的、可以更好地解释以往现象和新现象的范式,这也就是"科学革命"。因此,可以说,这些反常发现既是建设性的,同时也是具有破坏性的。新的科学范式的形成意味着新的常规科学的再次形成,科学就是这样一次次突破以往的范式,形成新范式,再稳定发展,发现问题,再突破……周而复始、永无止境的发展。

三、生产力发展符合"马克思库恩定律"

马克思已经意识到科学革命对生产力革命的巨大影响,指出"现代工业的技术基础是革命的,而以往生产方式的技术基础本质上是保守的"[①]。马克思曾经形象地说:"蒸汽、电力和自动纺机甚至是比巴尔贝斯、拉斯拜尔和布朗基诸位公民更危险万分的革命家。"[②]蒸汽、电力和自动纺机是科学革命导致技术革命的结果,是非连续性的,表明生产力发展也是非连续发展的。

"马克思库恩定律"的基本内容是:科学是沿着"科学进步、科学危机和科学革命"三个阶段交替演进发展的,技术也是有技术进步、技术危机和技术革命三个阶段,生产力发展也是在科技推动下,呈现生产力进步、生产力危机和生产力革命三个阶段。

在一个周期内,科学的进步是边际递减的,最终会停下来,进入科学危机阶段,然而随着为解决科学危机所取得的重大科学创新又导致新的科学革命。把马克思主义经济学与库恩科学范式相结合,用库恩的科学范式对马克思主义经济学进行完善和补充,可以进一步明确科学、技术和生产力的对应关系。如此,得出科学发展的周期也是生产力发展的周期,科学的进步推动生产技术进步,促进生产力发展;科学的危机导致技术停滞,带来生产力的停滞;科学革命导致技术革命,产生生产力革命。生产力的增长、停滞和生产力革命也是沿着这样的规律交替发生。马克

第三篇 新牡丹时代:供给创新

---

① 马克思:《资本论》第 1 卷,人民出版社 1975 年版,第 544 页。
② 《马克思恩格斯全集》第 12 卷,人民出版社 1965 年版,第 3 页。

思库恩经济定律表明收益增加,恒定和递减在同一通用目的技术范式内都是存在的,要想达到长期经济增长,必须有生产力革命,进入新的通用目的技术范式,由此引发投资率波动和可能出现的技术泡沫,经济发展会出现繁荣、停滞、衰退和复苏四个特征。

四、生产力水平是社会总供给能力

西方古典经济学和新古典经济学认为,长期总供给曲线是垂直的,政府不要试图干预经济,因为那样做除了会带来通货膨胀之外,还于经济产出毫无益处;凯恩斯主义经济学认为长期总供给曲线是倾斜的,价格调整是黏性的,在经济处于衰退中,政府应该干预经济。古典经济学、新古典经济学和凯恩斯主义经济学最根本的失误是"假设"了供给环境,强调需求而忽视了供给方面,没有意识到生产力革命带来的总供给方面的根本性变化。事实上,人类从茹毛饮血时代发展到今天,科技革命产生了巨大的生产力飞跃,创造了让上一个时代难以想象的供给能力,然而这些原来让人难以想象的供给并没有满足人类的需求,原因在于人类作为一个适应于环境进化的物种来说,人类的需求是无限的,正因为如此,推动人类社会不断发展的不是需求,而是供给,经济发展的停滞不是需求不足,是有效的供给不足引起的。这个供给包括技术供给和制度供给,技术是生产领域的,是经济的微观主体,制度是政治层面的,是社会管理的主体。人类的长期发展过程正是因为不确定性的科技创新产生一次次科技革命,使供给能力一次次大幅度提升,促进并保持了经济的长期发展和繁荣。同时,是人类的供给能力决定着人类的发展水平。也正是因为这种原因,我们划分了人类发展的不同发展时代:狩猎时代、农业时代、工业时代、信息技术时代,以后随着生物技术的不断飞跃,我们可能会迎来生物技术时代。

实现有效的供给能力跃迁是促进经济长期发展繁荣的唯一途径。

促进总供给曲线向右跃迁考验经济体制的适应效率。从马克思库恩所想到的经济规律应该是总供给曲线不是长期永恒不变的，在一个生产力革命之内是垂直的，当新的生产力革命发生后，潜在的总供给曲线向右大幅度平移。如果一个经济体制有充分的适应效率，就可以抓住总供给曲线向右"跳跃"的机会，总需求会逐渐与新的总供给曲线达到平衡；如果一个经济体制缺乏适应效率，总供给曲线就向右移动不了，总需求只能在现有的生产力革命中与垂直的总供给曲线达到平衡，经济陷入"高水平均衡"，政府需求管理是无济于事的，必须有经济体制改革。为向新供给曲线移动，需要建立全新的生产方式，改变原有的生产组织结构和生产实现过程。这个改变往往是伴随着重大技术创新而发生的，这就需要有一大批极具创新能力的人才，需要有创新人才发挥作用的环境——市场微观主体得到良好发展。

五、建设创新型国家是生产力革命的需要

科学革命推动生产力革命。生产力革命必然出现，但其内容和爆发时间又有很大不确定性。马克思指出："一个新的历史时期将从这种社会生产组织开始，在这个新的历史时期中，人们自身以及他们的活动的一切方面，包括自然科学在内，都将突飞猛进，使以往的一切都大大地相形见绌。"[1]

从目前来看，世界上继农业革命和工业革命后，未来可能至少出现三次生产力革命：一是正在进行的信息技术革命，信息技术革命将进入"云计算"时代，互联网的存在和应用就像电一样，已经融入人们的日常生活中，不可或缺，又不知不觉。二是初露锋芒的生物技术革命，生物工程的突破领域将越来越广泛，涉及健康、医疗、农业和环保等。三是潜在

① 《马克思恩格斯列宁斯大林论科学技术》，人民出版社 1979 年版，第 62 页。

的纳米技术革命,纳米革命将重构微观世界,显示出我们无法想象的物质特性。纳米技术和生物技术相结合,将产生一场生产力"组合革命"。人类将"长出"纳米翅膀,通过生物电流驱使,像天使一样翱翔于蓝天;人类将使用纳米微型机器人,在血管里不断清扫沉淀物,心脑血管疾病将像普通感冒一样容易治疗。2006年,中国政府颁布《国家中长期科学和技术发展规划纲要》,对科技革命作了简洁的概括和预测,"进入21世纪,新科技革命迅猛发展,正孕育着新的重大突破,将深刻地改变经济和社会的面貌。信息科学和技术发展方兴未艾,依然是经济持续增长的主导力量;生命科学和生物技术迅猛发展,将为改善和提高人类生活质量发挥关键作用;能源科学和技术重新升温,为解决世界性的能源与环境问题开辟新的途径;纳米科学和技术新突破接踵而至,将带来深刻的技术革命。基础研究的重大突破,为技术和经济发展展现了新的前景。科学技术应用转化的速度不断加快,造就新的追赶和跨越机会"。

面对生产力革命的挑战,我国为实现可持续发展,必须走创新型国家之路。从1840年起,中国从农业经济转向工业经济,时间之长、代价之大,是谁都没有想到的。农业技术的高水平,并不是工业革命发生的充分条件,中国在18世纪、19世纪相对欧洲具有高水平的农业技术,但错过了工业革命机遇就是明证。中国制造的成功并不能保证中国新经济的出现。从长期来看,中国经济需要靠自主创新艰难前行。中国经济必须建成"创新型国家",才能完成从工业经济向"中国新经济"的艰难转轨,因为制造业产生的大量结构性失业是难以避免的。可以预计,信息产业、生物产业和纳米产业可能成为中国经济的新引擎。

为支持从发展基础科研、实施国家科技重大项目到促进科技成果产业化各个方面的自主创新,必须在实行科技体制和管理体系改革、提升绩效的同时,下决心增加科技投入,而当前这方面的资金需求尚未得到很好满足,仍然是处于资金制约之下的科技投入相对不足状态。2002

年,中国财政对研发的投入突破 1‰ 的 GDP 大关。需要政府对研发的长期投入,2020 年后还需要长期保持占 GDP 至少 4‰ 的财政投入。

同时,劳动力市场和资本市场也是推动创新经济的各种生产要素市场中最为重要的要素市场。没有一个灵活的劳动力市场和有效率的资本市场,"新供给曲线"的要素供给是做不到的。但仅有劳动力市场和资本市场还不够,要有一个国家学习体系,在快速变化的经济社会环境中,不断地更新技能,推动人力资本升级。

第七章　多样性需求呼唤新供给革命

一、需求层次提升：争奇斗艳的牡丹时代

马斯洛将人类的需求划分为五个由低到高依次上升的层次：生理需求、安全需求、归属与爱的需求、尊重需求和自我实现需求。这五种需求像阶梯一样由低到高逐级递升，而且是人人都需要的，某一层次需求获得满足后，下一层次的需求就会出现。当某种需求未获得满足之前，人们通常首先满足迫切的低层次需求，而只有这种需求满足以后，下一层次的需求才会显现出正的激励作用。也就是说，某一层次的需要相对满足了，就会向高一层次发展，追求更高一层次的需要就成为驱使行为的动力。相应的，获得基本满足的需要就不再是一股激励力量。

五种需要可以分为两级：其中生理上的需求、安全上的需求和感情上的需求都属于较低一级的需求，这些需求通过外部条件就可以满足；而尊重的需求和自我实现的需求是高级需求，它们是通过内部因素才能满足的，而且一个人对尊重和自我实现的需求是无止境的。同一时期，一个人可能有几种需求，但每一时期总有一种需求占支配地位，对行为起决定作用。任何一种需求都不会因为更高层次需求的发展而消失。各层次的需求相互依赖和重叠，高层次的需求发展后，低层次的需求仍然存在，只是对行为影响的程度大大减小。

马斯洛和其他的行为心理学家都认为，一个国家多数人的需求层次

结构,是同这个国家的经济发展水平、科技发展水平、文化和人民受教育的程度直接相关的。在发展中国家,生理需求和安全需求占主导的人数比例较大,而高级需求占主导的人数比例较小;在发达国家,则刚好相反。

马斯洛提出人的需要有一个从低级向高级发展的过程,这在某种程度上是符合人类需要发展的一般规律的。一个人从出生到成年,其需要的发展过程,基本上是按照马斯洛提出的需要层次进行的。当然,关于自我实现是否能作为每个人的最高需要,目前尚有争议。但他提出的需要是由低级向高级发展的趋势是无可置疑的。

马斯洛的需要层次理论指出了人在每一个时期,都有一种需要占主导地位,而其他需要处于从属地位。这一点对于一国宏观经济发展来说,具有非常重要的启发意义,与我们所倡导的中国社会由梅花时代向牡丹时代转型的理论非常吻合。

在改革开放之初,虽然我国建立起了完整的国民经济体系,但由于经济基础差、底子薄,社会物资极度匮乏。这样,全社会主要还是停留在满足基本的生理性需求,主要是温饱问题的阶段。与之相对应的是,为了尽量满足人们的基本需求,必须以标准化方式尽可能地获得规模经济,以取得数量上的优势。生产的数量成为优先考虑的问题,而产品的差异和质量则属于次要问题。这样,在 20 世纪 80 年代之前,中国各地消费者的选择是非常少的。人们的穿着不是蓝灰色的中山装就是绿色的军装,根本看不出服装上的差异来。在那个时候,中国甚至没有广告。广告之父大卫·奥格威 20 世纪 80 年代初来中国参观时,对当时中国的"零广告"深感震惊。当时,即使是不多的广告也主要是一些产品的使用说明和有关产品的技术性信息,根本没有能够唤起人们购买欲望的内容;收音机、电视里的广告主要是电机等工业品,很少有日常消费品;为数不多的户外广告牌上则主要是一些宣传标语。如今,随着人们物质生活的丰富,对产品差异的追求日益提高,中国消费者的品牌意识越来越强,对归属感和情感的追求成为主要的目标。人们在温饱不再是最主要问题的时候,开始关心自己衣着的新颖时尚和餐饮的品位。同时,生产厂家也越来越发现,大众化的产品日益没有销路,必须走品牌化经营。从注册商标就可以看出来。1980 年,中国仅有 2 万份注册商标申请,而 1993 年突破了 13.2 万份。截至 2004 年,在所有 224 万注册商标中,有超过一半以上是在 2000 年以后注册的,有四分之一是在 2003 年以后注册的。如今,为了让消费者掏腰包,广告业发展非常迅速。在过去 20 年里,中国的广告市场以每年 40%的速度增长,并在 2010 年成为世界第二大广告市场。广告业在中国已成为一个拥有 8 万多家广告公司和 100 多万从业人员的巨大产业,其员工规模甚至超过了美国。

二、"大康社会":牡丹时代的来临

中国正由梅花时代向牡丹时代迈进,而这实际上与我国发展战略非常吻合。我国的实践,特别是改革开放以来的实践表明,立足国情,制定清晰而明确的阶段性奋斗目标,对于促进经济社会发展至关重要。按照党中央的总体战略部署,21 世纪中叶的奋斗目标是基本实现现代化,达到中等发达国家的水平。1987 年党的十三大正式确立了现代化建设大三步走的战略。十三大报告指出:"党的十一届三中全会以来,我国经济建设的战略部署大体上分三步走。第一步,实现国民生产总值比 1980 年翻一番,解决人民的温饱问题。这个任务已经基本实现。第二步,到 21 世纪末,使国民生产总值再增长一倍,人民生活达到小康水平。第三步,到下世纪中叶,人均国民生产总值达到中等发达国家水平,人民生活比较富裕,基本实现现代化。"

十五大把"大三步"中的第三步战略进一步细化为"小三步"走,即"第一个 10 年实现国民生产总值比 2000 年翻一番,使人民的小康生活更加宽裕,形成比较完善的社会主义市场经济体制;再经过 10 年的努力,到建党 100 年时,使国民经济更加发展,各项制度更加完善;到世纪中叶建国 100 年时,基本实现现代化,建成富强民主文明的社会主义国家。"十七大报告又更加明确地提出了 2020 年的奋斗目标。指出,"到 2020 年全面建设小康社会目标实现之时,我们这个历史悠久的文明古国和发展中社会主义大国,将成为工业化基本实现、综合国力显著增强、国内市场总体规模位居世界前列的国家,成为人民富裕程度普遍提高、生活质量明显改善、生态环境良好的国家,成为人民享有更加充分民主权利、具有更高文明素质和精神追求的国家,成为各方面制度更加完善、社会更加充满活力而又安定团结的国家,成为对外更加开放、更加具有亲和力、为人类文明作出更大贡献的国家。"

可以说,"小康社会"的提出,把现代经济发展阶段与中国传统社会理想巧妙结合起来,将一个较抽象的经济发展目标转化为一个易于广泛理解的形象化概念,又便于国际比照,还能根据发展现实情况适时作出新的调整。21 世纪中叶我国基本实现现代化、达到中等发达国家水平的奋斗目标的内涵,实际上可以具体界定为建设"大康社会"。

"小康"、"大康"均出自《诗经》,指人们的物质和精神生活状态。"小康"见《小雅·民劳》:"民亦劳止,汔可小康。惠此中国,以绥四方";大意为,百姓辛苦,应休养生息,享受安康;这既造福于中国人民,也有益于天下安宁。用邓小平同志的解释是:"所谓小康社会,就是虽不富裕,但日子好过。"(《邓小平文选》第 3 卷第 161—162 页)。"大康"见《唐风·蟋蟀》:"毋已大康,职思其居";"毋已大康,职思其外";"毋已大康,职思其忧"。"大康社会"要求人不能一味享乐而荒误了事业,最好是能做到"好乐无荒"。《诗经》对"大康社会"有深刻的理解:一方面,要珍惜美好生活,即时享受生活;另一方面,"大康社会"要保持清醒的头脑,继续进取。"大康社会"表达了对生活质量的物质诉求和居安思危的精神诉求的高度统一,相比其他概念而言,更能体现具有中国特色的发展道路和生活方式。

三、需求管理的局限性

中国中长期宏观调控面临的环境挑战主要是适应中国经济模式的转变,逐步学会在一个更具广泛性、与国内消费联系更大、对出口和投资依赖程度较小的增长模式中操作。在跨过刘易斯拐点和巴拉萨—萨缪尔森效应起点后,由于劳动力供应的逐渐紧张,劳动者收入获得提升,从而提高了劳动者收入在国民收入中的比重,同时实际有效汇率升值。伴随着劳动者收入占比的上升,消费兴起,储蓄率下降,经济增长的动力逐渐从投资带动型转化为消费拉动型。虽然短期内需求管理能够刺激经济,但由于社会发展到一定阶段后,人们的需求差异越来越大,社会需求的差异无法通过总需求刺激政策得到有效满足,将面临严重的局限。

货币政策的局限性

货币政策作为总量管理政策,无法有效解决经济中的结构性问题。最近两轮通货膨胀具有明显的结构性特征,主要以食品价格推动为主因,交通通信及服务和娱乐教育文化用品及服务类商品价格几乎没有上涨甚至小幅下降。对于猪肉等食品价格上涨,除考虑货币因素外,如果能够有效增加产品供给,将可以缓解物价上涨并实现价格调控目标,而无须全面实行"一刀切"的货币紧缩,减少本应大力发展的其他部门的不利影响。例如,2011 年前三季度,我国进口猪肉及其副产品 87 万吨,同比增长四成以上,其中 9 月份进口 14.2 万吨,创下单月新高。商务部公布的食用农产品肉类环比周指数自 9 月最后一周以来,已经连续 6 周下跌,累计跌幅高达 5%以上。10 月份我国同比 CPI 降至 5.5%,环比 CPI仅为 0.1%,分别比上月低 0.6 和 0.4 个百分点。

在劳动力成本上升和潜在增长率下降的情况下,货币需求管理不仅可能会陷入"滞胀"风险,还可能引发资产泡沫,日本就是很好的前车之鉴。日本经济在 20 世纪 80 年代中期达到顶峰后,不可能再像六七十年代那样的高速增长。但是,日本决策当局过分自信和迷信宏观政策的刺激作用,实行了低利率的宽松货币政策。最终的结果是放任了资产泡沫的发展,并导致泡沫崩溃和陷入痛苦的"失去的 20 年"。

财政政策的局限性

在财政政策方面,经历上一次 4 万亿扩张性财政政策后,我国财政政策刺激经济的能力已明显不足。而且,更为主要的是,虽然我国宏观税负总体合理,但仍呈上升趋势,且如果考虑各种实际费用和居民实际保障情况,进一步增税的可能性不大,通过减税刺激经济增长成为可行的选择,而这将进一步限制政府的财政能力。除此之外,未来我国财政支出将迅速增加,用于健全养老金体系、医疗保障、教育等方面的支出,以及建设"创新型国家"的必要投入。另外,目前大规模地方政府融资平台贷款使政府面临庞大的隐性财政负担。因此,中国公共财政负担会逐渐加重,预留财政空间和保持债务可持续性是两个重要的目标,需要及早谋划,未雨绸缪。但是,这并不意味着对短期财政政策的束缚,积极财政政策在总需求突然下降的时候还是必要的和重要的。

四、供给学派与里根经济学

二战后传统凯恩斯主义占据了经济学的统治地位,西方国家普遍依据传统凯恩斯理论制定政策,对经济进行需求管理,并取得了一定的效果。但是,为追求经济的增长,凯恩斯主义人为扩大需求,最后导致 20 世纪 70 年代西方国家出现失业与物价持续上涨并存的"滞胀"局面。虽然对于经济危机或萧条来说,没有什么比及时弥补社会需求能更有效地刺激经济的方法了。不过,应该看到,刺激总需求的理论与政策并不是普遍真理。如果社会的总供给已经甚至大于总需求,那么,刺激需求的政策只能引发通货膨胀而对产出没有任何的作用。其实,在凯恩斯需求管理为核心的宏观经济学创立之前,经济学主要流行的是萨伊定律,也即我们所熟知的"供给自创需求",因而生产过剩和经济危机也并不会发生。应当说,现代宏观经济学的很多理论都是根据萨伊定律总结出来的。我们将在下一章详细说明经济增长的长期机制和中国的中长期经济增长问题,这里我们首先考察西方发达国家的经验。

在传统凯恩斯主义需求管理的指导下,美国经济持续陷入滞胀,失业率逐年递增。1980 年,里根上台的前一年,美国通胀率达到 13.5%,GDP 实际增速则为 -0.3%。经济学界纷纷向凯恩斯主义提出挑战,并研究替代的理论和政策。供给学派就是在这样的背景下兴起,并在里根总统任期内得以实践。甚至,有人称之为里根经济学。

供给学派针对传统凯恩斯主义需求管理,复活了古典的萨伊定律,即"生产自创需求",生产、分配、交换只是手段。谁也不为生产而生产,目的是消费。正如李嘉图所言,"任何人从事生产都是为了消费或销售;销售则是为了购买对他直接有用或是有益于未来生产的某种其他商品。所以一个人从事生产时,他要不是成为自己商品的消费者,就必然会成为他人商品的购买者和消费者"。因此,经济问题并不在于需求,而是由于政策错误使供给出现了问题。供给学派力主市场经济,反对政府干预。政府的经济政策是经济主体经营活动的刺激因素,其中财政政策最为重要,因此应该通过减税刺激投资,增加供给,重视人力资本投资,反对过多社会福利,并主张控制货币,反对通货膨胀。

供给学派的政策主张有效地解决了美国的滞胀问题。1981 年,新上台的里根总统提出的"经济复兴计划"开头就声明,他的计划与过去美国政府以需求学派为指导思想的政策彻底决裂,改为以供给学派理论为依据。采取了大幅度减税、降低通货膨胀率和削减社会福利等措施以刺激经济增长。里根执政期间,主导了两次重要的减税措施的制定和实施

（1981 年和 1986 年）。在美国处于高通胀、高利率的不利形势下，里根经济政策有效地平抑了通胀，并且保持赤字处于可控的水平。即使在里根离开总统位置之后，人们依然看到里根经济政策对美国经济和国民活力的恢复与提升的影响。从 1982 年 12 月起，美国经济逐渐走出衰退，经济复苏势头比战后历次经济复苏都强劲有力。至 1988 年 5 月，美国经济持续增长 65 个月，成为战后和平时期经济增长持续时间最长的一次。通胀率也由最初上任时的 13.5% 下降为不到 5%。美国 GDP 占世界的比重也由 1980 年的 23% 上升到 1986 年的 25.2%。

里根的经济政策也带来了一些明显的负面影响。与苏联的军备竞赛和大力推行的减税计划，使得里根执政时期累计财政赤字高达 13382 亿美元，比此前的历届美国总统所累积的财政赤字总额还要多。这严重影响了美国政府财政的可持续性，在一定程度上拖累了美国经济的持续发展，也给后任者留下了包袱。直至克林顿总统，还在指责里根的政策是"不计后果"。

另外，由于 20 世纪 80 年代以来世界经济出现长期的"大缓和"，金融市场的发展和货币政策有效性的提高，发达国家财政政策作为宏观经济调节工具的重要性大大降低。特别是很多国家由于社会福利开支过大，进一步挤压了逆周期性财政政策空间。而且，新自由主义减少监管干预的主张也过了头，并最终导致全球金融危机。目前，很多政府都意识到应适当调低其目标债务水平，以便经济出现大的波动时，政府能够有充足的"财政空间"，以提高具有"自动平衡器"类的财政政策作用。

五、全球金融危机的教训

已经蔓延近四年的全球金融危机，恰恰说明了我们更要认真吸取传统凯恩斯主义的教训。格林斯潘在 1966 年写的《黄金与经济自由》一中对"大萧条"有过这样的解释：当商业活动发生轻度震荡时，美联储印制更多的票据储备,以防任何可能出现的银行储备短缺问题。美联储虽然获得了胜利,但在此过程中,它几乎摧毁了整个世界经济,美联储在经济体制中所创造的过量信用被股票市场吸收,从而刺激了投资行为,并产生了一次荒谬的繁荣。美联储曾试图吸收那些多余的储备,希望最终成功地压制投资所带来的繁荣,但太迟了,投机所带来的不平衡极大地抑制了美联储的紧缩尝试,并最终导致商业信心的丧失。结果,美国经济崩溃了。其实,这就是奥地利学派的观点。政府失灵要比市场失灵更可怕。我们应该永远铭记朱格拉医生的名言:"萧条的唯一原因是繁荣!"

遗憾的是,无论是格林斯潘本人,还是欧洲的决策者,都犯了同样的错误。货币政策长期偏离正轨恰恰是此次全球金融危机的重要原因。在 20 世纪 90 年代美联储正式放弃货币数量目标并转向仅盯住货币市场短期利率的货币政策框架后,货币政策实际上是根据产出缺口和通胀缺口有意无意地按照某种规律制定政策,当政策利率长期偏离规则水平时,经济增长与稳定很可能反受其害,这就是我们熟悉的泰勒规则。泰勒规则被世界各国中央银行和金融市场分析师所采用。泰勒规则的基本概念是,基准利率应该基本等同于 1.5 倍的通货膨胀率与 0.5 倍的国民生产总值缺口(实际 GDP 与潜在 GDP 的差额)之和加 1。泰勒规则是一个简化了的指导性模型,央行在制定货币政策的时候,不能局限于机械化地遵循这一规则。根据本轮金融危机爆发前若干年的观察,在经济状况较为稳定的时期,美联储的决策基本上符合泰勒规则所描述的模式。但是,在 2001 年受信息泡沫崩溃和"9·11"事件的冲击,美联储连续下调基准利率并在 2003 年 6 月将基准利率维持在 1% 的历史低位长达 1 年之久。当时,虽然美国的通货膨胀并没有太大的压力,但过于宽松的货币环境使大量货币涌入房地产和金融衍生品交易中,为次贷危机和泡沫经济崩溃埋下了隐患。

在欧洲,当人们庆祝欧元诞生之后,过于沉浸在欧洲统一的梦想之中,更多的是要享受统一货币带来的好处而对控制财政赤字漫不经心时,作为欧元区支柱的德国和法国在2002—2005年财政赤字占GDP比重均突破了3%。虽然经过调整两国财政情况有所好转,财政赤字状况达到了要求,但对于突破限制的行为却没有任何惩罚性的措施,这也助长了其他小国采取更不负责任的行为。更为恶劣的是,很多南欧国家只是要享受统一的欧元所带来的低利率的好处,任意扩大政府开支促进经济增长。作为经济发展相对落后的希腊,为了尽快达到加入欧元区的标准,政策操作上存在操之过急的倾向,甚至通过投资银行的帮助利用金融手段对国家的资产负债表进行包装,使希腊得以在2001年顺利加入欧元区,这一伎俩直至新政府上台后发现并在全球金融危机的冲击再也无法隐瞒的情况下,才被公之于众。而且,希腊长期以来消费过多,支出过大,社会福利负担过重,财政赤字长期无法实现马约的要求,终于出现了当下四面楚歌的悲惨境地。

六、被误读的日本"广场协议"教训①

日元升值的真正教训

长期以来,中国国内对日本"失去的20年"归咎于广场协议的日元被迫升值。或许,这一说法主要是由著名的麦金农教授提出的,认为日本在20世纪70年代以来长期屈服于美国的压力,以年均4%的幅度兑美元升值,直接形成日本息差,而90年代美国利率下降迫使日元利率趋于零利率,从而陷入"流动性陷阱"。国内也有很多学者指出广场协议主要是迫使日元迅速升值,从而打击日本出口和经济竞争力,使日本陷入长期萧条。因此,中国应对美国有关人民币升值的要求保持高度警惕,

① 本部分节选自王鑫智、李宏瑾:《被误读的日本"广场协议"教训》,《西南金融》2012年第8期。

以免重蹈日本覆辙。

然而,遗憾的是,国内对日本"失去的20年"的教训显系误读。事实上,上述说法在日本和国际并非主流,日元大幅升值至多只是日本经济长期低迷的原因之一,而且并非最重要因素。在日元升值后,为了抵消由于升值给经济带来的不利影响,日本当局并不是对经济进行主动调整,而是试图通过宽松的货币政策化解升值压力,结果造成资产泡沫急剧膨胀并最终崩溃,日本经济也丧失了结构调整的最佳时机。在资产泡沫不可维系并最终崩溃后,经济始终不见起色,这才是日本真正的教训。长期在日本财务省任职的现任亚洲开发银行行长黑田东彦就是这一观点的代表。他认为,日本央行为帮助企业出口,大幅降低利率并积极买进美元干预外汇市场,造成国内货币供应剧增,流动性过剩,大量资金流向股市和房地产市场,从而埋下了泡沫经济的祸根。

自2003年人民币升值问题被广泛讨论以来,国内主流都是认同麦金农教授的观点,甚至每逢美国对中国施压,都会出现警惕"广场协议陷阱"的论调。虽然近年来,余永定、黄益平等先生在各种场合都试图纠正国人的这一误解,但效果并不明显。甚至,如今国内的很多观点仍然认为中国应当吸取日本教训,避免陷入新的"广场协议陷阱"。可见,国人的偏见长期以来根深蒂固,因而有必要再次强调对日本教训的解读。

德国经验可资借鉴

早在广场协议之前1971年"布雷顿森林体系"解体前后,作为二战后经济增长最快的经济体,德日两国就货币承受了较大升值压力并大幅升值。1969年至1978年10年间,西德马克和日元对美元的累计升值幅度分别高达49.1%和41.5%,但面对本币迅速升值给本国就业和生产带来的冲击,日本和德国采取了不同的态度。在贸易部门的压力下,日本始终对升值采取抵制态度。日本银行采取扩张性货币政策试图缓解日元升值压力,这反而带来了严重的通货膨胀,CPI 最高接近 25%(1974 年 2 月)。与日本不同的是,德国更加重视国内市场的均衡。1973 年 3 月,德国就放弃了马克与美元的固定汇率制度并于 1974 年正式取消资本项目管制。尽管失业率在 20 世纪 70 年代中期一度高达 4.3%(1975 年),但通过对人力资本投资和产业升级,失业率出现了明显的下降趋势,而 CPI 最高也仅为 7.7%(1973 年 12 月)。

事实上,"广场协议"并非是针对日本一国。1985 年 9 月,西方五国达成了联合干预外汇市场的"广场协议",规定日元与马克应大幅对美元升值。从 1985 年 9 月至 1990 年 12 月,两者分别对美元升值了 47.5%和 43.6%。

为应对日元的升值和不利的国际经济环境,日本中央银行采取了相当宽松的货币政策,于 1986 年至 1987 年五次下调中央银行贴现率至 2.75%的低点,并保持了两年多之久。这导致了日本的货币供应量快速增加。1986 年至 1989 年期间,日本的 M2 增长率一度超过 10%。货币供应量的增长完全超出了实际 GDP 的增长速度,货币供给的增加并没有通过实体经济流通吸收,而是被吸引至房地产、股票等资产市场,泡沫形成也就是必然的了。与此同时,日本实行了宽松的财政政策,在 1990 年日本中央政府债务占 GDP 的比重就已经高达 50%,而德国的这一数据直到 2001 年也未超过 40%。

在马克大幅升值以后,德国经济同样受到了冲击。到 1987 年,德国经济增长率降至 1.40%,与 1984 年的 3.12%形成了鲜明对比。但与日本不同,德国政府持有完全不同思路的经济政策取向。在货币政策方面,由于对魏玛共和国时期的恶性通胀刻骨铭心,这也造就了世界上最为具有独立性和稳健声誉的德意志联邦银行。对于历任德央行决策者,均以稳定物价水平为首要目标。在广场协议之后,由于马克大幅升值,德国经济增长率连续两年出现下滑的情况下,德国依然维持了 3%以上的存款利率,这几乎是日本同期水平的两倍。在财政政策方面,1982年坚持新自由主义的科尔当选德国总理,并一直当政到1998年,成为德国战后历史上任职时间最长的总理。1982年至1987年,德国财政赤字占GDP比重,由3.3%递减到了0.4%的水平。在税收政策方面,对企业和个人大幅减税;在财政支出方面也通过减少补贴等手段削减开支。在削减财政收支的同时,注重对经济结构的调整,用财政补贴资助投资周期长、风险大的一些生产行业;积极支持企业的研发,并向劳动者提供各种培训及其他形式的帮助,从而提高劳动者的素质。

正是由于对货币大幅升值后不同的政策取向,使得日本和德国经济在未来20年中的表现有天壤之别。虽然在20世纪80年代后期,日本经济热度一直高于德国,但当90年代初泡沫破灭后,不得不经历痛苦的"失去的20年";而正是主动进行了相对痛苦的经济调整,德国成为当前欧洲经济无可争议的引擎。如果不考虑其他外部冲击,德国始终保持了2%左右的温和经济增长。

第八章　寒梅跃变成牡丹　千奇争艳勿忘本：
欧债危机的教训

一、过度消费的危害

虽然消费不足是当前我国经济结构中面临的很大问题,扩大消费对经济转型具有非常重要的意义,但正如前面指出的,决定经济长期增长的并不是消费,而是供给,主要取决于要素投入、创新及制度的变迁。刺激总需求的理论与政策并不是普遍真理。长期以来,资本积累是经济增长的基本条件,资本来自储蓄,要储蓄就要减少消费,并把储蓄变为另一种需求,也就是投资需求,这也就是为什么我国在过去30多年高增长的同时存在如此之高的投资的原因。

特别是,在经济转型过程中,一定要把握好消费的度。尽管我国社会福利体系健全完善需要大量的资金投入,但其保障水平也应符合我国的实际情况,拉美国家的经验可以为我们提供很多启示。很多拉美国家为了取悦选民,只是一味追求高水平的福利而忽视了基础设施、法制环境、产权保护等方面的建设,对城市化进程中的土地问题、失地农民问题视而不见,丧失了社会治理的时机,最终只是使中产阶层获益,失去了广大社会底层的信任,导致社会收入差距过大,经济发展停滞。当前的欧债危机也与此有相似之处。建立一个正确的社会保障模式和社会福利模式是构建和谐社会的条件和基础。我国现阶段的总纲是构建和谐社会,特别需要关注基本民生、改进福利状况,但也需注重在统筹协调的科学发展观指导下,在福利增进过程中对"度"作出合理把握,积极稳妥地掌控好渐进过程。否则,对民生问题和社会福利大包大揽,要么陷入拉美"中等收入陷阱",要么终将回归计划经济的老路。

二、欧债危机的教训

发轫于 2007 年美国次贷危机的全球金融危机已经历时 4 年多。作为危机的发源地美国虽然在 2010 年短暂反弹后重陷经济低迷,但就金融市场来看已经逐渐稳住阵脚,最近一系列经济数据表明美国经济并非一片悲观。但是,在金融危机冲击下,欧洲金融市场陷入了持续动荡之中。就在人们庆祝欧元诞生 10 周年不久,2010 年春天人们突然发现,以希腊债务危机为导火索,欧元正经历自创立以来最为严重的危机。尽管在欧央行、IMF 及各国政府的努力下,2010 年下半年市场一度趋于稳定,但显然决策者们对问题的严重性是大大低估了。2011 年 8 月初,标普首次下调美国主权债务评级引发全球金融市场动荡,但其背后更多的是体现了对欧元的担心。虽然 10 月欧元区各国最终就希腊债务减记、扩大欧洲金融稳定工具(EFSF)、银行注资及加强金融监管等应对欧债危机的一揽子方案达成了一致,但这并未有效缓解市场情绪,甚至德国国债拍卖也受到前所未有的市场冷遇。在 12 月新的财政协议之后,2012 年 1 月欧元区九国又遭到标普的评级下调,目前仅有德国、芬兰、荷兰和卢森堡四个欧元区保持着 AAA 评级。尽管对欧债危机的讨论非常多,但从历次金融危机比较中可以发现,过度的信贷扩张、松弛的财政纪律和不恰当的支出,仍然是危机的主要原因。

信贷和货币扩张

进入 20 世纪 90 年代以后,全球经济经历了前所未有的"大缓和"时期。大部分发达经济体产出和通胀的波动都稳步下降,并保持了较高增长。各国中央银行有效控制了通胀预期,成功应对了 1987 年股灾、拉美和东亚金融危机、LTCM 破产、互联网泡沫破灭和"9·11"等不利事件的冲击,由此催生了盲目乐观的情绪,危机也悄然而至。由图 8.1 可以看到,从 2004 年开始,欧元区银行部门信贷和货币供应增长呈现出明显的同步上升的态势。2002—2004 年,银行部门信贷和 M2 增速基本保持在4%~5%和 6%~7%的稳定水平,但自 2004 年下半年开始,信贷和货币供应增长逐渐加速,到 2007 年 10 月和 2008 年 4 月 M2 和银行信贷增速分别达到最高的 11.8%和 12.2%。虽然 2006 年和 2007 年欧元区 GDP 取得了 3%以上的高增长,CPI 也成功控制在 2%左右,但信贷扩张也为经济危机埋下了隐患。在美国次贷危机和雷曼兄弟破产的冲击下,欧元区信贷和货币供应迅速收缩,并最终不得不吞下银行危机和主权债务危机的苦果。

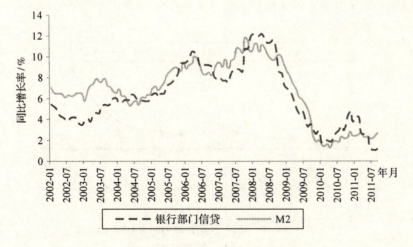

图 8.1　欧元区银行部门信贷和 M2 同比增长率

数据来源:Wind。

松弛的财政纪律

作为人类的一项伟大试验,欧元的设计者一开始就意识到了统一货币的缺陷,因而在《马斯特里赫特条约》中规定,各国的财政赤字都不应超过 GDP 的 3％,国债占 GDP 的比重不得超过 60％,财政赤字超标需在一年内纠正,连续三年超标则需按程序上缴不超过相当于本国半个百分点 GDP 的罚金。这样规定的目的在于各国在面临经济冲击时,只能通过自身的经济调整实现均衡,而无法利用货币扩张的手段。但是,长期以来,各国的宏观政策深受凯恩斯主义影响,在经济衰退期,都愿意推出扩张性财政政策,而经济繁荣期却不愿意实行紧缩性财政政策,导致财政支出政策刚性,财政收入在经济衰退期间下降,赤字成为经济的常态。这样,财政纪律约束很容易产生道德风险。令人遗憾的是,作为欧元区支柱的德国和法国在 2002—2004 年财政赤字占 GDP 比重均突破了 3％,如图 8.2 所示。虽然经过调整两国财政情况有所好转,财政赤字状况达到了要求,但对于突破限制的行为却没有任何惩罚性的措施,这也助长了其他小国采取更不负责任的行为。

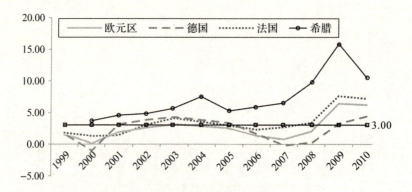

图 8.2　欧元区及德国、法国财政赤字占 GDP 的比重

数据来源:Wind。

不恰当的财政支出

此次欧债危机从表面上看,主要是以希腊为代表的南欧各国长期以来消费过多,支出过大,社会福利负担过重,财政赤字长期无法实现马约

的要求。不过,在批评财政和福利支出过多的同时,也引起人们对财政支出的思考。因为,如果从福利体制来看,素以高福利著称的北欧国家并没有受到冲击,这实际上是与财政支出和福利安排有着密切关系。从收入来看,由于存在着庞大的"影子经济",希腊公共部门税收收入占GDP 的比重非常低,2009 年还不到 20%。同时,希腊公共部门中对公务员的薪酬支出则非常高。根据 OECD 的报告,希腊公务员工资较非公务员高得多,虽然公务员占希腊劳动总数的比例不大,但其工资占全部工资总额中的比例却非常高。而且,希腊在教育、医疗等方面的开支则并不慷慨。2009 年,教育和医疗占政府支出的比重是 5.5% 和11.2%,而欧盟的平均水平则是 11.6% 和 14.1%。希腊政府用于研发开支占 GDP 的比重从来没有超过 1%(2007 年为 0.57%),而 2007 年欧盟平均水平则高达 1.87%,北欧各国中最低的挪威也高达 1.64%。显然,希腊过高的福利和财政支出结构并不合理,更多地用于当期消费和偿还债务利息开支,而不是用于医疗、教育、研发等提高社会人力资本和社会可持续发展方面。虽然短期内扩大开支能够刺激经济的增长,但由于缺乏对经济的长期投资,因而导致经济长期低效,无法有效增加政府收入减少债务负担,最终导致危机的爆发。

第九章　中国经济的长期增长

一、短期需求与长期供给的两难

已故著名经济学家和思想家杨小凯曾说过,"经济学是研究经济活动中的各种两难冲突的学问",而这种"两难"实际上也就是经济政策中的困境选择问题。宏观经济管理主要就是针对不断变化的经济中通过各种政策来影响市场的行为,从而实现政策的目标。但是,各种政策对经济的影响效果是不同的,只要是有政府干预行为,微观经济主体就会根据政策的变化相应进行改变,并从而产生与政策预期相符的经济后果。不过,由于经济的复杂性和政策作用的复杂性,宏观经济政策能否真正引导微观主体行为实现预期政策目标也会存在不确定性,特别是不同宏观政策的叠加使政策产生不同的效果,对经济发展会产生不同的影响,因而如何进行宏观经济决策并把握宏观调控的节奏和力度就成为政策制定者面临的共同问题。宏观经济政策从来就是一个不断面对"两难"的过程,是世界各个国家在任何时候的宏观经济管理中都不可避免的"难题"。例如,在通货膨胀和经济增长方面,就面临着"菲利普斯曲线"所刻画的两难;"不可能三角"生动描述了开放经济条件下内外经济平衡的宏观经济政策两难。

长期和短期是宏观经济学中最基本的阶段划分概念,如何处理好政策短期和长期的关系,也是宏观政策中非常重要的"两难"问题,这主要是由于长短期的政策目标和任务并不是完全一致的。一般来说,用于熨平短期经济波动的宏观政策主要属于短期的范畴,主要就是通过需求管理来实现政策目标,如传统的"菲利普斯曲线"中通胀和失业在短期内存在着此消彼长的关系,因而可以通过货币政策和财政政策的调节实现目标。但是,这种变量间的关系只能是在短期内成立,如果一味地追求经济的增长而采取持续性的扩张政策,那么总产出无法满足总需求,微观经济主体也会预期到政策的变化并不会带来实际产出的增加,这样在长期内扩张性的货币政策最终只能带来通货膨胀,而无法有效刺激经济增长,这也就是 20 世纪 60 年代末期西方国家所经历的"滞胀"。事实上,从长期来看,宏观经济政策必须从经济增长的原动力入手,从培育经济长期增长潜力的角度,解决困扰经济长期可持续增长的根本性问题,这样短期的需求管理政策并不是合适的,而只能在供给方面采取相应的政策。这样,有效区分政策的长短期效果,就显得非常重要。因为,如果将促进经济增长或危机中的短期稳定政策长期化后,过分的刺激政策最终并不会带来产出的实际增加,反而导致资源在时间和空间上的进一步低效率配置,无法解决困扰经济长期发展的根本性问题,并最终加剧经济波动的幅度和频率,损害经济的长期增长潜力。

二、经济增长的源泉

凯恩斯爵士有句名言:"从长期看,我们都将死去。"虽然"蜜蜂的寓言"和凯恩斯主义宏观经济学表明,总需求管理对经济增长非常重要,但其主要还是关注经济的短期表现。但是,经济学家们更关心长期的经济增长。自 1776 年亚当·斯密发表《国民财富的性质和原因的研究》(即《国富论》)起,经济的长期增长问题就一直是经济学家们关心的对象。向牡丹社会的变革,实际上也是一个经济长期增长问题。

自改革开放 30 多年来,中国经济经历了持续年均 10% 左右的高速经济增长,这在人类历史上是罕见的。虽然对中国的"增长奇迹"有着各种各样的解释,但增长理论无疑是理解这一问题的基本出发点。虽然增长理论经历了很长的发展阶段,但就经济增长源泉或经济增长决定因素的研究,大多集中在对传统的生产函数变量的讨论上。但是,新古典增长理论表明,规模经济不变是稳态经济的必要条件,否则只要增加要素投入就会获得更高水平的产出,经济将持续扩张而无法收敛。不过,这种经济收敛模式和稳态增长路径多少有些令人沮丧,因为除非增加要素投入或者外部的冲击,否则经济只能进行"简单"的自我复制。内生增长理论为我们提供了更为合理的解释,要素外部性作用的发挥使经济获得了规模经济效应,要素投入的增加可以获得更多的产出,技术的进步将使经济处于持续扩张的高速增长阶段,这都与制度密切相关。事实上,无论是新古典增长理论还是内生增长理论,对经济增长源泉的讨论,都离不开以下三方面:要素投入、技术和制度。

第一,要素投入。经济增长主要表现为经济中的产品和劳务总量的增加。很显然,如果用于生产的要素投入增加,比如投入更多的资本和劳动力,那么最终的产出也一定会增加。当然,这里还有一个需要注意的问题,就是对于要素投入方面,并不是仅仅指传统意义上的机器和人力,由于科技在现代社会的生产中发挥着越来越重要的作用,因而劳动者受教育程度也应该视为要素投入的一部分。类似的,要素投入的概念还可以扩大到更广泛的外延,但一般来说,资本、劳动数量和教育程度(也即通常所说的人力资本)是最为重要的生产要素。

第二,技术。技术条件直接决定了生产的效率,技术进步对推动经济增长起着重要的作用。人类社会经过漫长的农业社会后,经过数次工业革命和信息技术革命,极大地促进了人类生产能力。在技术进步的过程中,创新就成为非常重要的因素,这也是著名经济学家熊彼特提出的创新增长理论。熊彼特认为,所谓创新就是要"建立一种新的生产函数"，即"生产要素的重新组合"，把一种从来没有的关于生产要素和生产条件的"新组合"引到生产体系中去，以实现对生产要素或生产条件的"新组合"。周期性的经济波动正是起因于创新过程的非连续性和非均衡性，不同的创新对经济发展产生不同的影响，由此形成时间各异的经济周期。当经济进步使得创新活动本身降为"例行事物"时，企业家将随着创新职能减弱、投资机会减少而消亡，经济也将最终不再发展。

第三，制度。如果将技术也视为一种要素投入的话，一种新技术替代旧技术并引发新一轮的经济增长，那么技术的升级换代也可以视为不同技术的交替投入，因而，实际上技术也可以被视为广义上的要素投入。不过，无论是最基本的劳动力、机器等要素投入，还是技术，都并不是决定经济长期增长最根本的因素。因为，经济增长一个很重要的问题就是要素如何组合以获得最大的产出。即使是创新活动，按照熊彼特的观点，也是企业家进行的"新组合"，所谓"经济发展"就是指整个资本主义社会不断地实现这种"新组合"，或者说资本主义的经济发展就是这种不断创新的结果；而这种"新组合"的目的是获得潜在的利润，即最大限度地获取超额利润。这样，要素的组合问题，表面上看起来就是一个技术上的最优化问题。但是，由于经济活动实际上是由一个个具体的人所组成的，因而激励问题就显得非常重要。如果没有合适的激励，即在一个扭曲的制度环境下，也就无从谈起技术的创新问题，也就无从谈起要素的合理投入，经济也无法得到持续的增长。

在发展经济学中，有一个非常著名的概念，即"资源诅咒"。经济学家们发现，虽然要素投入可以促进经济的增长，但从国际经验来看，丰富的自然资源可能是经济发展的诅咒而不是祝福，大多数自然资源丰富的国家比那些资源稀缺的国家增长得更慢。相反，一些并没有很多经济资源的国家或地区，如新加坡和中国香港，经济反而获得较快的高水平增长。这里，主要就是由于制度因素在发挥着重要的作用。在很多资源丰富的地方,由于资源的开采和投入就可以获得经济增长,因而人们只是注意自然资源的开采方面,对经济长期发展的制度性问题并不重视,因而其发展越来越依赖资源,而其他经济产业发展则相对非常缓慢。一旦资源开发或资源价格发生波动,经济必然会受到很大的打击。相反,很多资源很少的国家,由于无法依赖资源发展经济,因而更注意制度建设,形成具有创新精神充满活力的经济环境,经济对外部冲击的适应性也较强。一个非常鲜明对比的例子是,在 2008 年全球金融危机冲击下,越来越依赖石油出口的俄罗斯经济受到了严重的冲击,2009 年 GDP 下降近8 个百分点;相反,经过痛苦过程成功实现转轨的波兰,经济表现非常出色,2009 年成为欧盟唯一实现经济正增长的国家。

可见,制度是确保经济可持续长期增长最为重要的因素。那么,什么是制度呢? 所谓制度,就是"一个社会的游戏规则,更规范地说,是为决定人们的相互关系而人为设定的制约"。就本质而言,制度就是决定人们行为决策选择的一系列激励机制的集合,它"构造了人们在政治、社会或经济方面发生交换的激励结构,制度变迁则决定了社会演进的方式,是理解历史变迁的关键"[1]。既然"追求效率是经济生活各个领域的本质"[2],制度的变迁与调整也可以被理解为一种效率(收益)更高的制度对另一种制度替代的过程。就人类社会几千年的实践来看,市场机制是使得交易费用最小、效率最高的制度安排,以经济自由为核心价值的市场经济制度是促进经济增长最重要的因素。

---

[1] North, Douglass, 1990, *Institution, Institutional Change and Economic Performance*, Cambridge University Press.

[2] 施蒂格勒:《乔治·施蒂格勒回忆录——一个自由主义经济学家的自白》,中信出版社2006 年版。

三、经济自由是市场经济制度的核心[①]

自 1776 年亚当·斯密的《国富论》发表以来,经济学家们就认为经济自由是经济增长的关键。正如斯密指出的,自由市场、对私有产权的保护以及政府最小限度地参与经济活动,将促使一国走向经济繁荣,"看不见的手"将引导人们在与他人平等交易和竞争中获取最大的利益。在斯密之后,大卫·李嘉图于 1817 年发表的《政治经济学及赋税原理》中提出的比较优势理论,进一步倡导自由贸易政策、专业化和比较优势将促进经济的增长。正如 Friedman(1996)所说的:"我相信自由社会已经兴起、巩固,因为较其他控制经济活动的手段相比,自由经济的效率更高,产出更丰富。"

尽管斯密的智慧已深植于一代又一代经济学人心中,但随着 19 世纪后期意识形态方面社会主义思潮的涌现、德国历史学派的出现,特别是"大萧条"后凯恩斯主义的兴起,在 20 世纪 50 年代至 70 年代,无论在发达国家、计划经济国家还是广大发展中国家,政府参与经济活动的程度都达到了空前的高度。这一转变在很大程度上可以归结为人们在理解经济增长方式上的分歧。古典经济学和早期新古典经济理论在讨论经济增长时,主要关注的是实物资源(physical resources)。随着"边际革命"的开展,经济学研究方法的日益科学化并越来越向物理学研究方法靠近,资源配置成为经济学关注的主题。从数学的角度讲,大部分经济增长模型只是将经济视为一个简单的生产函数,各种要素投入(如资本和劳动力)与产出(如国内生产总值)之间总是存在着一个确定关系。于是,在大多数发达国家,出于对经济的周期性波动的恐惧(如"大萧条"以及战争的恶果),政府开始积极采取各项措施,通过所谓需求管理来熨

---

① 本部分节选自项卫星、李宏瑾:《经济自由与经济增长》,《南开经济研究》2009 年第 5 期。

平经济的周期性波动;而对于广大发展中国家来说,刺激经济增长最简便的办法就是政府直接参与经济发展进程,以赶超战略实现经济的跨越发展。至于当时的中央计划经济国家,则更是如此。

然而,随着20世纪末中央计划经济体制的终结以及新古典主义战胜凯恩斯主义和"结构主义",人们又开始重新审视自由经济制度的重要性。特别是,随着20世纪70年代博弈论和信息经济学等微观经济理论的发展和宏观经济学微观基础的构建,人们对激励和制度的认识日益深入。虽然生产函数表示经济增长在技术上没有什么问题,但其前提是在既定的制度条件下变量的关系才能够成立。否则,经济运行在激励扭曲条件下将发生变异。投入对于合理的产出水平是必要的,但绝非充分条件。

亚当·斯密则更加强调经济发展的环境(制度的本质和规则习俗的作为)在引导个人行为并促进经济增长中的作用,尽管并不太重视投入与产出之间的函数关系,但市场这只"看不见的手"将有效配置资源。自由经济制度将提供恰当的激励,使每一个市场参与者都将自己的利益最大化。很多现代理论研究都证明了这一点。例如,以诺斯为代表的新制度经济学者强调了激励结构对长期经济增长的重要作用;保罗·罗默、卢卡斯提出的以垄断竞争市场为基础的一系列经济增长模型,认为自由贸易主要通过加快本国技术进步、提高要素生产率来促进经济增长;巴罗和萨拉伊·马丁的研究则发现,开放国家有更强的吸收先进国家技术进步的能力。最近10多年来,越来越多的研究表明,经济自由是经济增长的重要原因,对一国经济发展速度和经济发展水平具有决定性的作用。因此,可以说,经济自由就是市场经济制度的核心。

四、中国的增长奇迹：华盛顿共识，还是北京共识①

按照亚当·斯密的经济学传统，经济自由是经济增长的关键，"看不见的手"将引导人们在与他人平等交易和竞争中获取最大的利益。自1776年以来，虽然经历过凯恩斯和马克思思想的影响，但自由经济理念已经深入作为社会科学皇冠的经济学和西方主流社会之中，这也是20世纪90年代以来由威廉姆森提出、新自由主义所倡导的"华盛顿共识"的主要内容。在20世纪80年代初前后，除受供给学派影响的里根经济学外，以货币主义为指导的英国撒切尔政府和新自由主义的德国科尔政府，共同创造了20世纪80年代以来发达国家经济发展的辉煌时期。

当人们雀跃"华盛顿共识"可能成为放之四海而皆准的真理之时，在古老的东方却出现了两个例外，即中国和印度同时存在着较低的经济自由水平与高速的经济增长这一似乎矛盾的现象。从美国保守派机构传统基金会(Heritage Foundation)公布的各经济体的经济自由度报告中可以看到，虽然中国的经济自由度得分仅为50多(总分为100，得分越高，经济自由度越高)，在全世界180多个经济体中排名在100以外，但最近30年中国经济增长的成绩举世瞩目。特别是在当下"百年不遇"的金融危机期间(2009年)，中国的得分要比上一年整整低了2.1分，但这又如何解释一年多来中国在全球复苏中所取得的最好成绩？

为此，2004年雷莫(Joshua Ramo)根据自己对中国的长期观察，提出了所谓的"北京共识"，认为"艰苦努力和主动创新，坚决捍卫国家主权和利益，循序渐进和积聚能量，并在保持独立的同时实现增长"是中国取得成功的关键，而且"中国的创新及按照自身特点和想法寻求发展的模

---

① 本部分节选自项卫星、李宏瑾、徐爽：《危机后对"华盛顿共识"和"北京共识"的思考》，《世界经济研究》2010年第12期。

式,值得其他国家仿效"。"北京共识"甫一提出,就得到了国内外很多学者的共鸣,赵晓、崔之元等很多学者认为"北京共识"是对中国经验的高度概况,具有普世价值,并可以取代"华盛顿共识"为广大发展中国家提供希望。

其实,秉承了亚当·斯密自由竞争经济思想、与自由主义传统一脉相承的"华盛顿共识",一开始就受到了很多挑战,如具有社会民主主义传统的"欧洲价值观"和以斯蒂格利茨为代表的、更关注贫困、收入分配和环境可持续增长的"后华盛顿共识"。20 世纪 90 年代初期东欧转轨经济国家"休克疗法"的失败、90 年代后期亚洲金融危机中以 IMF 为代表的国际金融机构政策上的失误和"反全球化运动"的兴起,都使人们对"华盛顿共识"产生了巨大的怀疑。但是,"欧洲价值观"或"后华盛顿共识"大多是强调"华盛顿共识"所未讨论的内容,更像是对其进行补充而非挑战。在实践方面,威廉姆森指出,"华盛顿共识"实际上针对的是已经建立市场经济体系但其市场经济体系仍存在严重扭曲的发展中国家,而不是针对市场经济体系完全缺失的转轨经济国家;IMF 在印度尼西亚等国政策上的失误也与其对当地腐败的政治体系了解不够有关,而全面接受 IMF 条件并坚持进行政策调整的韩国则迅速摆脱了金融危机的阴影,取得了良好的经济绩效。在受亚洲金融危机影响比较大的经济体中,韩国 1998 年 GDP 仅下降 - 5.7%(明显好于印度尼西亚的 -13.1%、马来西亚的 -7.4% 和泰国的 -10.5%),且在 1999 年韩国 GDP 就取得了 10.7% 的正增长,1998—2009 年 GDP 年均增长率(几何法计算)高达 4.94%,是这些国家中最高的。至于"反全球化运动",更多的只是几百年来保护主义者的再现,根本无法撼动自由主义。

而且,即使是中国这个例外能否构成对传统经济智慧和"华盛顿共识"的挑战还需要深入和细致的分析。虽然经济总量增长迅速,但从人均角度来说,中国和印度同样都属于中低收入国家,这与其经济自由度的得分大体相当。将经济自由度与经济增长率联系起来是不确切的。经济自由度实际上是一个状态指标,而经济增长率是一个流量指标,将状态变量与变化变量进行比较是不合适的。一个可以观察到的事实是,目前中国的经济自由度得分虽然仅为50多,但在30年前这个数字可能接近于零。正是改革开放的制度性变革及自由市场经济的日益深化,最近30年中国的经济才取得了之前30年所无以比拟的成绩。

事实上,"北京共识"自提出以来在国际上并没有得到更多的响应,因为除了对"华盛顿共识"挑衅性的表达外,并没有提供完整的经济发展策略,更多的是讨论外交和政治理论,过于宽泛的表述也损害了其严谨性。正如姚洋、俞可平、肯尼迪等众多国内外学者指出的,雷默对中国经验的概括本身就存在很大的问题。不可否认的一点是,中国成功和中国模式很大程度上得益于市场经济,但不同于"华盛顿共识"。

在一定程度上,"北京共识"可以解释为"新供给经济学"。换句话说,"新供给经济学"为"北京共识"提供了目前缺少的经济政策内涵。近期,财政部财政科学研究所所长贾康等7位学者(包括本书作者)提出"新供给经济学"理论认识框架,强调以推动机制创新为切入点,以结构优化为侧重点,着力从供给端入手推动中国新一轮改革。他们将中国改革开放30多年来取得的成就概括为,在以经济建设为中心的基本路线指导下,中国在总供给管理角度(制度供给和结构调整)开创性地实现了从计划经济向市场经济转轨的变革,极大地释放了供给潜力,同时也较有效地对总需求进行了管理。他们认为,中国经济高速增长30多年后,增速将规律性地向成熟经济体的水平逐步收敛,但较长时间内仍有重大发展机遇,关键是充分释放制度供给潜力进一步激发活力,促进全要素生产率稳步而持续地提升。

五、中国增长奇迹的前景

30多年的持续高增长确实是人类发展史上的奇迹,而对奇迹的认识也决定了我们未来的政策选择。应当看到,从经济增长源泉的角度来认识,过去的30年正是中国人口红利的30年,而且随着对外开放,特别是2001年加入WTO,中国经济充分享受到经济全球化的好处,对外交往的加深和外资的引入极大地促进了中国技术水平的提高。因而,不可否认的是,劳动力人口优势和对外开放确实能够解释中国的增长奇迹。但是,也应该看到,在这背后实际上正是改革开放这一长期的经济政策发挥了巨大的作用。从几乎完全实行中央计划经济到十一届三中全会确立改革开放战略,实行"计划为主,市场调节为辅"、"有计划的商品经济"、"国家调节市场,市场引导企业",最终到1992年明确提出建立社会主义市场经济体制,改革开放的30年正是中国市场经济发挥着越来越重要作用的30年。从本质上说,改革开放就是制度变迁的过程,就是我国逐步建立完善的社会主义市场经济制度的过程。正是在这个过程中,原来被束缚在土地上的大量劳动力得以自由流动,并与大量涌入的国际资本和不断成长的国内资本相结合,发挥了巨大的比较优势,造就了中国经济增长的奇迹。

从增长源泉的角度,中国增长的奇迹主要得益于人口红利、对外开放(WTO)红利、后发技术优势,而这一切根本上都与改革开放的制度红利有关。因此,对中国未来长期经济增长的判断,也应从这些方面入手。

人口红利方面,虽然中国将很快进入刘易斯拐点,将不再具有劳动力比较优势。但是,我们在一开始就指出,随着刘易斯拐点的出现,巴拉萨—萨缪尔森效应将发挥作用,中国将很快进入消费时代,对需求将不仅停留在量上,而是向更高层次转化,这将成为中国未来经济发展的动力。同时,虽然从绝对的劳动数量上,中国越来越不具备优势,但中国劳动力的人力资本素质正迅速提高。根据巴罗的数据，在 15 岁及以上人口中，2000 年以来，接受过高等教育人口占比迅速提高，10 年间提高了 4.4％，而 20 世纪 80 年代和 90 年代仅分别提高 1％和 2.7％；劳动者平均受教育年龄已由 1980 年的 4.7 年上升至 2010 年的 8.2 年；随着对教育投入的加大和教育事业的发展，这一数据还会进一步提高。因而，中国将以提高人力资本的方式一定程度上抵消人口红利丧失的不利影响。

对外开放和 WTO 红利方面，虽然在全球金融危机影响下，欧美经济发展减速，对我国外贸产生了不利影响，而且贸易保护主义的抬头进一步恶化了外部经济环境，但应该客观地看到，我国已深深地融到全球经济之中，并将在未来全球经济中发挥更为重要的角色。作为第二大经济体和最大的贸易国家，中国应在未来的多哈回合谈判中坚持原则，这不仅仅是为了中国的进一步发展，也是为捍卫全球自由贸易，促进各国福利的共同提高作出贡献。

当然，应该客观地看到，未来中国人口红利和对外开放（WTO）红利对经济长期增长的作用是逐渐下降的。因而，中国应进一步重视发挥技术赶超的步伐，加快推进深层次改革，进行顶层制度设计，进一步发挥制度红利的空间。

党中央、国务院在 2006 年提出了建设创新型国家的重大决策，将在 2020 年建成创新型国家，使科技发展成为经济社会发展的有力支撑，这是事关社会主义现代化建设全局的重大战略决策。我们要明确自主创新和技术进步作为一个高附加值竞争源泉是未来中国经济是否具有国际竞争力的核心要素，也是未来中国在成本优势削弱的情况下新的经济增长源泉。在加大自主创新和技术引进的条件下加快推进经济结构转型、促进产业升级，是维持未来中国经济竞争力的必要条件。在开放条件下，自主创新是突破"有限后发优势"、规避高技术产品的低附加值化现象、深化专业化潜力的关键。

不过,我们也应当清醒地认识到,目前中国在自主创新方面仍存在较大的差距。根据路透社的数据,2011 年中国的年度专利数量将超过日本和美国,成为世界第一专利大国。2003—2009 年,中国的首次专利申请年增长率高达 26.1%,而同期美国仅有 5.5%。虽然专利申请数量一定程度上反映了一国技术创新的情况,但是在中国约有一半的专利申请是在华的外企,而且中国企业的研发投入中,很大部分的投入集中在开发环节,并非新技术研发环节。开发活动集中于产品实现,其中缺乏创新技术,更多的是技术的改进和优化。中国的专利很多都是缺乏创新内容的专利,尤其在实用新型和外观设计这两个领域,与美、日等国专利差距很大。专利的创新含金量低,不仅市场利用率低下,而且逐渐转化成某些企业或群体谋取不正当利益的工具。中国在专利申请数量上的领先仍掩盖不了落后的创新力,这既与创新需要一定时间的积累有关,也说明中国的自主创新建设仍需要一个良好的制度环境。

为了更好地建设创新型社会,进一步加快改革步伐,发挥制度红利空间,进行顶层设计,就显得尤为迫切。"十二五"规划第一次明确提出了改革总体规划和顶层设计的概念,提出这个概念有深刻的历史背景。因为,总体而言,我国改革开放主要采取"摸着石头过河"的方式,虽然实验和试错的改革方式仍十分重要,但加快转变经济发展方式所需要推进的改革必须整体配套、协调推动,涉及经济、社会、政治各领域,必须制定总体规划,对系统目标、系统结构和功能进行顶层设计,动员全社会成员形成深化改革的舆论共识,并以立法形式固化改革成果,其动力机制是自上而下的,虽然初始动力仍在基层,但任何局部改革实验都无法替代对新一轮改革的顶层设计。国际金融危机的发生,使政府的主要力量用于应对外部挑战和震动,虽然改革继续推进,但是不少重要改革内容被迫放缓。在应对国际金融危机过程中,经济社会的快速变化和发展又提出许多新的改革议题。在新老改革任务叠加的形势下,必须明确时间表和优先顺序,使改革有序推进。同时,随着中国经济在全球经济中的地位提高,国内改革也成为影响全球经济治理的重要因素,在总体规划和顶层设计中,需要立足全球政治经济格局变化,考虑其外部性及多重反馈因素。总之,改革过程中不同系统之间存在冲突,需要改革的内容也更加复杂,改革进程陷入各种认识层面的纠结并停滞不前,需要改革者在最高层面上作出提纲挈领的规划和设计,推动改革。特别是,改革过程当中受到了利益集团的阻力,一些强势利益集团处于有利的位置上不愿意进一步改革,弱势集团的意愿因为其弱势得不到表达,需要改革者由上至下地打破不合理的利益分配格局,推进改革。

"顶层设计"不仅涉及经济体制改革,还涉及社会、政治和文化领域的改革设计,这四方面的全面、协调推进将是今后改革工作的重心。"顶层设计"应充分考虑全面改革的可操作性,可以从土地制度、人口流动、公共资源配置等重大现实问题入手,改革的方向上则应更加惠及民生。"顶层设计"意味着政府将侧重于设计蓝图,当好舵手,更多的具体工作将交给市场去做。

"摸着石头过河"被认为是中国过去 30 年来成功改革开放模式的最好总结,越来越多的思想家和经济学家在景仰和赞叹声中学习和理解这种智慧。这是中国中庸之道和知行合一的传统智慧,不走极端,不照搬,把不断的学习和积极的行动结合起来,以最大的灵活性适应环境的变化并取得不断的进步。"顶层设计"听起来好像有悖于"摸着石头过河"所强调的精神,但仔细体会,会发现恰当的"顶层设计"完全符合"摸着石头过河"的精神。因为随着社会的发展,前方的河水会越来越深,但我们又必须过河到达大康社会的彼岸。如果水太深,没有可以依赖的石头,难道就不再前进?"摸着石头过河"在此时的运用就是搭一座桥,需要事前设计。如果走到河中间,一部分强势的既得利益者不愿意过河,在此时需要有人带头,渡过难关。无论是事前设计,还是自上而下的改革,都应把不断的学习和积极行动结合起来，在摸索中取得不断进步。

六、主动改革是关键

30 余年的"中国奇迹"靠着开放，利用人口红利参与全球分工，但更主要的是靠改革调动了经济资源的积极性。市场经济在逐步替代计划经济、降低交易成本、提高经济效益的同时，其进程也是严重不对称的。目前，我国产品市场已基本完全放开，但要素市场仍然存在严重扭曲，人为压低要素价格，降低生产成本，从而促进经济增长。但也正是如此，对生产者和投资者的补贴，使得经济严重依赖投资和出口，经济结构失衡的矛盾越来越突出。因此，我们必须对经济结构进行调整，从而顺利实现向较高水平的常规经济增长路径回归。

但是，经济结构转型不一定一帆风顺。日本在 20 世纪 80 年代中期以著名的"前川报告"发表为标志，开始对国内经济进行调整，计划转向内需主导的经济，但是现在两个 10 年快过去了，仍未达成初衷。

中国在金融改革方面，就面临这样的困境。例如，人民币汇率问题，就理论来说仍然是传统的"不可能三角"范畴，中央银行在资本自由流动、汇率自由决定和独立的货币政策之间，只能三者选其二。鉴于 20 世纪 80 年代以来拉美金融自由化带来的危机和 90 年代末东亚金融危机的深刻认识，特别是东亚金融危机时，中国依靠严格的资本管制、稳定的汇率政策赢得了极大的成功，当前决策当局普遍倾向于采取更为稳健的金融开放策略，而我国"渐进"式的改革过程也使得"渐进"金融改革成为社会的共识。

但是，与出现大量逆差时容易引起重视不同，在大量顺差（特别是刚刚经历了严重金融危机考验）产生的时候，整个社会面临的是财富的增长，社会心理膨胀逐渐加大，宏观调控当局的处境也要宽松许多，这样就很容易忽视经济存在的深层次问题。这方面，日本的教训同样深刻。

日本中央银行前副行长绪方四十郎 2007 年接受采访时就指出："社会心态膨胀,对日本经济过于自信,尤其是国家领导人的心理膨胀,政策决策者们开始变得傲慢,听不进外面的意见。结果是,当时所有本来可以应对收支顺差问题的办法都被耽误了。日本持续坚守固定汇率太长时间,导致后来我们被迫不得不重估货币,并且一遍又一遍地重估。另外,我们对进口控制政策的调整也被严重耽误。"对日本经验教训的解读,我们不应该只盯在 20 世纪 80 年代后半期发生的事情,更应该看到70 年代后期日本已经开始面临币值重估的问题。恰恰是由于"对国际收支顺差的增长问题反应太慢,没能针对它的风险在国家政策上及时有所行动。事实上我们(日本)本该主动从自己的角度早作政策调整,但调整的严重延迟,最终导致日本当时无力应付国内市场运行和国际政治的双重压力,最终作出了被动性调整。而那之后,我们其他的经济政策调整,实际上仍然是一个个地被耽误"。

　　如今之中国,与当年之日本何其相似。正如耶鲁大学终身教授陈志武(2007)所言,渐进改革方式对于金融领域而言可能完全不适用,至少不能"太慢地渐进",因为作为现代经济核心的金融部门与实体经济对价格的反应还受技术、投资和生产周期等因素的影响不同,金融产品的定价能够迅速反映出人们对未来的预期,而资金的流动成本在技术上几乎为零,并且金融价格的相对变化对全国各地的影响几乎是一样的(比如股市的波动对任何地方的人都一样)。因而,如果人为干预金融市场,那么这不仅不能够带来金融市场的健康发展,反而会造成更大的问题。

　　未来 10 年是中华民族复兴史上非常宝贵、非常关键的时期,是完成第一个"100 年"奋斗目标的时期,是为第二个"100 年"奠定基础的时期。从目前的发展态势看,到 2021 年即建党 100 周年之际,届时我国人均收入可能突破 1 万美元大关。新供给经济学探索的基本政策主张,是以改革统领全局的"八双":

1．"双创"——走创新型国家之路和大力鼓励创业；

2．"双化"——推进新型城镇化和促进产业优化；

3．"双减"——加快实施结构性减税为重点的税费改革和大幅度减少行政审批；

4．"双扩"——在现在的对外开放格局和新的国际竞争局面之下扩大中国对亚非拉国家的开放，并适度扩大国内基于质量和效益的投资规模；

5．"双转"——尽快实施我国人口政策中放开城镇体制内"一胎化"管制的转变，积极促进国有资产收益和存量向社保与公共服务领域的转置；

6．"双进"——国有、非国有经济应发挥各自优势协调发展，共同进步，摒弃两者之间非此即彼、截然互斥的思维；

7．"双到位"——政府、市场发挥各自应有作用，两者良性互动、互补；

8．"双配套"——尽快实施新一轮"价、税、财"配套改革，积极推进金融改革创新。

在如何处理需求管理和供给管理的关系上，我们认为有"中医"和"西医"之分——"任何比喻都是跛足的"，但有比喻的好处是更为形象化和有助于加深理解。需求管理可以比喻成"西医"，而新供给所强调的供给管理更像是"中医"。"西医"有较好的理论基础，但西医副作用也大。"治大国如烹小鲜。"西药疗法如大火爆炒，一不小心会烧焦；中医疗法如文火慢煮，容易把握火候，会味道浓厚。未来10年，应从之前国际主流上依据的需求管理理论，更多、更自觉、更积极地转向供给方面改革，防止对西医过度依赖，采用"中医为主、西医配合"的综合疗法。从供给端入手破除制约生产力发展的各项供给压抑，以改善重点领域民生为落脚点，全方位、有步骤地深化重点领域改革。

长期经济增长：需求还是供给？

自 1776 年亚当·斯密发表《国富论》起，古典经济学家们似乎并没有想到会出现经济危机，这很大程度上在于，一是古典经济学更关心经济的长期增长问题，二是作为在欧洲大陆传播古典自由主义经济学思想的第一人，让·巴蒂斯特·萨伊(Jean Baptiste Say)的供给自创需求，也就是著名的"萨伊定律"告诉我们，需求过剩的经济危机应该是永远不可能发生的。生产、分配、交换只是手段，谁也不为生产而生产，所有这一切都是中间、中介的活动，而其目的就是消费。这个推论在逻辑上确实是很完美的，但不幸的是，1825 年人类就开始经历了第一次经济危机，并在此之后经历了无数大大小小的经济危机。如今，全球经济仍然在金融海啸的阴影下步履蹒跚。

虽然 1870 年以来，边际革命从古典经济学强调的生产、供给和成本，转向现代经济学关注的消费、需求和效用，但马歇尔的新古典经济学更多的实际上是对经济学分析方法而非经济学内容本身的革命，萨伊定律也一直被经济学家们奉为圭臬。这一局面直到凯恩斯于 1936 年出版《就业、利息与货币通论》，宣告凯恩斯革命，虽然凯恩斯革命让人眼前一亮，罗斯福新政的成绩也让人们觉得似乎找到了克服经济危机的良方，然而,事情并非那么简单。虽然从刚刚接触经济学开始,每一个受过经济学训练的人都熟悉供给需求和均衡价格的重要性,但具体到复杂现实的分析上,情况就往往不同了。经济危机表面上看是供给过剩,商品卖不出去,这才有了凯恩斯扩大需求的方子。但是,Friedman 告诉我们,世界上没有免费的午餐,政府需求管理所依靠的公共财政扩张效果在长期看是非常让人怀疑的。李嘉图等价定理早就说明了这一点。

日本电子工业兴衰的启示

仅是短短的 10 多年前,日本家用电子工业产品在中国还是风光一时,索尼、东芝、日立、松下,从 20 世纪 80 年代三大件的冰箱、彩电、洗衣机,90 年代三大件的空调、电脑、录像机,到了 21 世纪初的手机、CD 随身听、数码相机,很多中国家庭的首选对象就是这些耳熟能详的日本品牌。如今,这些品牌虽然仍有影响,但一方面由于中国电子工业的迅速发展,很多家用电器市场中日本厂商的市场占有率逐年下降,另一方面,很多中国厂商并没有占领的市场领域,日本品牌产品也节节败退,最明显的就是手机和电脑市场。

日本电子工业并不是仅在中国市场表现出颓势,即使是在本国市场,也是经营惨淡。如果观察一下东京地铁的情况就可以看出来。虽然东京地铁中是规定不允许打电话的,但大部分人都会靠手机上网消磨乘车的时间,而只要粗略地看一下就可以发现,车厢中大约七成的人都使用苹果的 iPhone,其余的也大多是三星。2008 年以来,索尼已经连续四年亏损,2011 年更是出现了前所未见的历史性大亏损,净亏损达 4567亿日元(约 57.3 亿美元),营业亏损达 673 亿日元。松下、夏普等著名厂商也连续多年巨亏,如果没有一笔大量的现金注入,恐怕这些企业都很难再在当今竞争激烈的全球市场上生存下去。

日本电子工业的兴衰,恰是日本经济的缩影。自 20 世纪 80 年代末资产泡沫崩溃后,一度雄心万丈、可以说不的第二大经济体日本,陷入了长期增长低迷和通货紧缩的困境。虽然日本政策为刺激经济采取了各种各样的政策措施,实行了基础设施建设、扩张货币等标准的凯恩斯主义扩张需求政策,但日本经济还是毫不见起色。甚至,10年前英国的《经济学人》杂志就有一篇文章专门写到,在通往乡间的高速公路上,也许一天也没有几辆车通过,这样冷清的场面倒也与日本的经济吻合。那么,需求刺激政策迟迟不见效果,问题出在哪里呢?

显然,日本是被自己打败的,电子工业的衰败就是这样。长期以来,包括电子工业在内的日本制造业一直秉承着专守一方的传统,monozukuri,这个被日本官方创造出来的仅有15年历史的单词,意思是专守制造,本来是用于宣扬日本专注制造业的褒义词汇[①],但现在看来却让人看出了日本制造业衰败的原因。日本电子工业专注于产品制造本身,但却忽视了消费者需求的体验变化。一个很明显的现象是,日本企业在介绍自己的电子产品时更喜欢强调最薄最小,但有意无意地忽略很多对用户而言真正重要的因素。索尼是最早开发出电子阅读器的公司,其电子阅读器 Librie 在当时非常先进,但这款产品并未风靡全球,因为它的软件是日本做的,一定需要用电脑下载书籍,而且选择很有限。所以,更加开放、轻巧的亚马逊电子阅读器 kindle 后起而胜之,其原因就在于索尼的电子阅读器 Librie 目标是在卖设备,而亚马逊的 kindle 实际上是在卖书。

由此,我们也就不难理解,为什么强调用户体验的乔布斯的苹果,会一个个地击败日本的竞争对手。事实上,在 iPhone 出现之前,诺基亚才是手机的霸主,如今诺基亚已是明日黄花。如果说日本是由于需求不足

---

① "Monozukuri—Another Look at a Key Japanese Principle", www.japanintercultural. com/en/news/default. aspx? newsid=88。

导致经济衰退,但长期以来日本经济中没有提供具有国际竞争力的产品,才是其衰弱的更深层次的原因。如果看看日本电子市场规模和国内市场被苹果、三星等国外品牌瓜分的现实,也就不难理解了。虽然短期的需求管理政策能够平滑经济波动,但有效需求的带动最根本的还是在于供给层面的创新和效率提高,拉升需求的升级,从而带动经济的增长。

直升机撒钱还是创造性毁灭?

就具体的政策而言,货币政策是需求管理最重要的手段之一,而利率则是货币政策最主要的工具手段。二战后,无论是发达国家还是发展中国家,在传统凯恩斯主义的指导下,无不采取了人为管制利率的政策,其目的就是为了低成本地动员储蓄资金以满足特定时期经济发展的需要。例如,为筹集战争经费,美国在二战期间长期将利率保持在较低水平,美联储在 1951 年才与财政部达成协议获得利率定价权,并承诺不让利率急剧上升。很多发达国家在二战后也都受到传统凯恩斯主义的影响,通过对利率的管制来刺激投资和消费,并灵活有效地管理总需求。人为压低利率以应对经济波动并促进经济增长,成为传统凯恩斯主义需求管理最主要的政策内容之一。但是,利率管制和低利率政策并没有取得预期的效果,反而在 20 世纪 60 年代末期开始陷入滞胀的泥潭。直到70 年代末在货币主义和理性预期学派的大力倡导之下,也就是所谓的对凯恩斯革命的反革命,美国和英国相继采用了以供给学派为特征的政策,才最终迎来了 80 年代末到新世纪初长达 20 余年的"大缓和"时代。

滞胀的教训也使各国货币政策当局意识到,货币政策遵循一定的规则,经济就会保持长期稳定的可持续增长状态。具体而言,就是利率必须根据产出和价格的情况进行调整(也就是著名的泰勒规则)。如果政策利率长期偏离规则利率水平,经济增长和物价稳定就很可能反受其害。

在 20 世纪 90 年代经济经历了一个较长的繁荣周期后,美国的货币政策逐渐偏离的正常的轨道。受"9·11"、伊拉克战争等各种事件的冲击,为了保证经济增长,美联储在2001—2006年政策利率长期偏低,而这是引发了房地产泡沫和金融危机的重要原因。因为,过低的利率只能促使人们更倾向于加大杠杆并承担更多的风险,而由于过低的利率引发的流动性泛滥也使资金为了追求收益而进行很多高风险的投资和金融衍生产品,监管标准的放低又使大量资金流向根本不符合贷款要求的家庭和项目。因而,可以说为了追求经济增长而采取的刺激需求的政策,反而最终引发更严重的问题。

长期低利率政策对危机解决也未见得有好处。远的教训就是日本,在20世纪80年代末期泡沫崩溃后,经济长期低迷,日本银行在2001年就实行了量化宽松和零利率政策,但结果表明中央银行资产负债表的扩张并未能有效刺激总需求,如今日本已陷入了"失去的20年"。此次全球金融危机之长出乎预期,但显然一轮轮量化宽松政策的效果让人质疑。

不经历风雨,怎能再见彩虹

其实,历史是何其相似。19世纪70年代,朱格拉就曾说过,萧条的唯一原因是繁荣!此次全球金融危机,与1929—1933年的"大萧条",按照奥地利经济学派领军人物米塞斯和哈耶克的观点,就是低利率导致的信贷膨胀的恶果。虽然没有明确指出危机的具体时间,但米塞斯和哈耶克都观察到,20年代美联储持续扩展性货币政策,利率非常低,导致信贷规模膨胀,最终必将导致大的经济危机。利率过低会扭曲资源配置信号,大量资金就会流向本不该投资的项目,特别是重工业、房地产等资金密集型产业,它们对利率的反应非常敏感。流动性过剩导致经济过热,物价的全面上升使原材料价格和工资的相应上涨,而投资成本的上升最终将证明这些行为并不是可以依靠投资本身的盈利来维持的。最终,必将以经济危机和经济崩溃的形式进行纠正。

从根本上说,过剩的商品实际上并非是有效供给,而造成无效供给的原因,则恰恰是由于需求管理使得熊彼特所说的创造性毁灭这一经济增长最重要动力机制的人为扭曲。正是由于低利率政策,使得僵尸企业和僵尸银行迟迟不能退出市场,而其占据的社会资源严重影响了人们创新和经济的活力,由此经济陷入长期低迷也就不难理解了。虽然经济调整是痛苦的,但这是经济成长和长期健康发展必须付出的代价。

如果没有 1998 年国有企业改革和政府机构改革,很难想象中国会在新世纪被誉为"中国奇迹"的骄人成绩。如今,欧债危机也持续了 4 年多,但欧洲的调整比美国还要缓慢,而日本则一错再错,甚至全球中央银行的独立性和尊严也被其践踏得斯文扫地。如今,中国也面临着 20 世纪 80 年代日本的局面。在潜在经济增速下降、人口结构逆转的当下,究竟是采用虽然痛苦但长期有效的政策,还是温水煮青蛙的需求管理政策,关系着我们能否顺利实现"中国梦"!

华夏新供给经济学研究院
简　介

　　华夏新供给经济学研究院是由贾康、白重恩、王庆等 12 位学者发起设立、经政府管理部门批准成立于 2013 年 9 月的民间智库组织，现任理事长为民生银行洪崎行长。 研究院旨在推进 "以改革为核心的新供给经济学" 的研究，秉承 "求真务实融合古今，开放包容贯通中西" 的精神，基于全球视野和时代责任感，以 "责任、专业、团结、创新" 为文化，以 "人才是核心，研究是基础，社会效益是追求" 为理念，践行勤勉奋进的 "梅花精神" 和开放包容的 "牡丹精神"，打造学习型组织和创新型团队，通过构建跨界合作的 "中国新供给经济学 50 人论坛"，努力建设具有高学术品味和国际影响力的中国特色新型智库。已有几十位经济学家、实业家、金融界精英和媒体人士加盟的新供给研究院的研究团队，通过 "新供给双周学术研讨会"、新供给年度重点课题研究等活动，致力于经济学理论的不断发展创新，对中国改革开放予以理论阐释和提出积极建言，持续推动中国经济改革和发展实践，为中国和世界经济繁荣和社会进步竭尽所能。

China Academy of New Supply-side Economics
Introduction

China Academy of New Supply-side Economics is a civil think tank organization established in September, 2012 by 12 scholars including Jia Kang, Bai Chongen and Wang Qing etc., and approved by government administration department, with President of China Minsheng Banking Corp. Ltd. Hong Qi as current Board Chairman. With a view to promote the study of "New Supply-side Economics with reform as the core", the academy adheres to the spirits of "truth-seeking and pragmatism, integration of the ancient and the present, openness and tolerance, and combination of Chinese and western cultures", takes basis on global view and the sense of time responsibility, holds the culture of "responsibility, professionalism, teamwork and innovation", sticks to the philosophy of "talent is the core, research is the base and social benefits is the pursuit", practices diligent and endeavored "plum flower spirit" as well as open and tolerant "peony spirit", builds a learning organization and an innovative team, and makes efforts to establish a new think tank with highly academic atmospheres and international influence and also Chinese characteristics by means of setting up a cross-discipline cooperative "China New Supply-side Economists 50 Forum". Currently, dozens of economists, industrialists, financial experts and media personnel have joined the research group of China Academy of

New Supply-side Economics. By means of many activities, such as "new supply-side biweekly academic symposium" and "new supply-side annual key research programs", and so on, they are committed to achieving the continuous development and innovation of economic theories, and theoretically explain China's opening up and reform and actively putting forward policy suggestions, so as to continuously promote China's economy reform and development practice and make great efforts for China and the world's economic prosperity and social progress.

中国新供给经济学 50 人论坛
简　介

　　"中国新供给经济学 50 人论坛"（以下简称"论坛"）是由中关村华夏新供给经济学研究院（以下简称"研究院"）内部设立和管理的经济学术研究平台，由中国经济学界、实业界具有较强学术功底和颇具社会影响力的成员组成。

　　论坛以全球视野和时代责任感，秉承勤勉奋进的"梅花精神"和开放包容的"牡丹精神"，坚持"求真务实融汇古今，开放包容贯通中西"的基本理念，以战略性、法制性、国际性、实践性思维，致力于通过构建跨界合作的新型研究平台，对中国改革开放予以理论阐释和提出积极建言，夯实中国经济学理论基础，特别是新供给经济学理论创新，以经济学理论的不断发展创新持续推动中国经济改革和发展的成功实践，为中国和世界经济繁荣竭尽所能。

　　第一届论坛成员是国内外有影响力的经济学家、企业家和相关行业专家等。 为了突出论坛的广泛性和跨行业特点，论坛设立特邀研究员和特邀媒体合作伙伴，注重其所在行业的影响力。 为了培养青年人才，论坛设立特邀成员，侧重于培养具有较大发展潜力，年龄在 40 岁以下（不包括 40 岁）的青年学者。 论坛专职工作人员具备高素质和忠实勤勉有奉献精神，均为获得经济学等相关学科博士学位的优秀人才。

中国新供给经济学 50 人论坛秘书处

论坛秘书长：贾　康

China New Supply-side Economist 50 Forum

Introduction

China New Supply-side Economist 50 Forum (hereafter referred to as "Forum") is an internal economic and academic research platform established and managed by China Academy of New Supply-side Economics, composed of members with strong academic foundation and great social influence in China economic circles and business community.

The forum has global view and senses of time responsibility, adheres to diligent and endeavored "plum spirit" as well as open and tolerant "peony spirit", sticks to the basic philosophy of "truth-seeking and pragmatism, integration of the ancient and the present, openness and tolerance, and combination of Chinese and western cultures", and takes strategic, legal, international and practical view. By means of establishing a cross-discipline cooperative new type think tank platform, the forum is committed to theoretically explaining China's opening up and reform and actively putting forward suggestions, building a solid foundation for Chinese economics theories, especially the innovation of new supply-side economics theories, continuously promoting China's successful reform and development practice based on the continuous developing and innovative economic theories, and making great efforts for China and the world's economic prosperity and social progress.

The members of the first session of the forum are influential economists, entrepreneurs and relevant industry experts both at home and abroad. To highlight the breadth and cross-discipline characteristics of the forum, the forum sets specially invited researchers and media partners, focusing on their influence in corresponding industry. To cultivate the young talent, the forum sets specially invited members, and focuses on the cultivation of young prospecting scholars with age less than 40 years old (not including 40 years old). The forum has high-quality, loyal, diligent and dedicated staff with doctor degree in relevant disciplines, such as economics.

Secretariat of New Supply-side Economist 50 Forum

Secretary: Jia Kang (Concurrent)

中国新供给经济学 50 人论坛组织与成员名单
（2013 年）

论坛顾问委员会成员

学术顾问：

夏　斌　国务院发展研究中心金融研究所名誉所长、研究员

中国民生研究院学术委员会副主任

南开大学国家经济战略研究院院长

管益忻　中国决策科学院院长

中国海内外企业家交流中心副主席

经济学家周报主编

王国刚　中国社会科学院金融研究所所长

管理顾问：

黄　伟　中关村民间组织登记处处长

文化顾问：

楚　艳　北京服装学院服装设计系教师

北京服饰设计研究中心总监

法律顾问：

李　达　竞天功成律师事务所合伙人

论坛理事会理事长

洪　崎　中国民生银行股份有限公司党委书记、行长

论坛理事会副理事长

贾　康　财政部财政科学研究所所长

王功伟　北京金融街投资(集团)有限公司董事长

李万寿　协同创新基金管理有限公司董事长

王广宇　金陵华软投资集团董事长

论坛理事会常务理事

洪　崎　中国民生银行股份有限公司党委书记、行长

贾　康　财政部财政科学研究所所长

王功伟　北京金融街投资(集团)有限公司董事长

李万寿　协同创新基金管理有限公司董事长

王广宇　金陵华软投资集团董事长

白重恩　清华大学经济管理学院副院长

黄剑辉　国家开发银行研究院副院长

王　庆　上海重阳投资管理有限公司总裁、合伙人

滕　泰　万博兄弟资产管理(北京)有限公司总裁

　　　　万博经济研究院院长

论坛监事会成员

王少杰　海风联投资基金创始合伙人

　　　　中关村股权投资协会会长

论坛学术委员会主席

贾　康　财政部财政科学研究所所长

论坛学术委员会副主席

白重恩　清华大学经济管理学院副院长

徐　林　国家发展与改革委员会规划司司长

论坛成员

（42人，任期5年，按姓氏笔画排序）

丁　爽　花旗银行大中华区高级经济学家

丁志杰　对外经贸大学金融学院院长、教授

马海涛　中央财经大学财政学院院长、教授

马蔡琛　南开大学经济学院教授、博士生导师

王　庆　上海重阳投资管理有限公司总裁、合伙人

王　诚　中国社科院经济所研究员

王功伟　北京金融街投资(集团)有限公司董事长

白重恩　清华大学经济管理学院副院长

冯俏彬　国家行政学院经济学部教授、博士生导师

朱海斌　摩根大通中国首席经济学家

　　　　大中华区经济研究主管

刘培林　国务院发展研究中心发展战略和区域经济研究部副部长、

　　　　研究员

李万寿　深圳产学研创新投资基金管理公司董事长

　　　　中山大学股权研究中心主任

李宏瑾　人民银行营业管理部副研究员

杨　农　中国银行间交易商协会副秘书长

连　平　交通银行首席经济学家

沈建光　瑞穗证券亚洲公司董事总经理、首席经济学家

张智威　野村国际(香港)有限公司首席中国经济学家

张霄岭　中国银监会银行监管三部副主任

陈祖新　国务院研究室综合司司长

范剑平　国家信息中心首席经济师

金　莘　中国人民银行金融稳定局巡视员

金鹏辉　中国人民银行郑州中心支行行长

周天勇　中共中央党校国际战略研究所副所长

周健男　中国证监会上市公司一部副主任

俞　波　中国五矿集团公司财务总部总经理

洪　崎　中国民生银行股份有限公司党委书记、行长

费朝晖　中国进出口银行国际业务部总经理

姚余栋　人民银行货币政策司副司长

贺力平　北京师范大学经济管理学院教授

贾　康　财政部财政科学研究所所长

徐　林　国家发改委规划司司长

徐诺金　中国人民银行调统司副司长

高培勇　中国社会科学院学部委员

　　　　中国社会科学院财经战略研究院院长

诸建芳　中信证券首席经济学家

黄剑辉　国家开发银行研究院副院长

盛来运　国家统计局新闻发言人、司长

崔　历　高盛投资银行董事总经理

彭文生　中金公司首席经济学家

葛华勇　人民银行中国驻 IMF 前执行董事

裴长洪　中国社会科学院经济研究所所长、党委书记

　　　　《经济研究》主编

滕　泰　万博兄弟资产管理(北京)有限公司总裁

　　　　万博经济研究院院长

魏加宁　国务院发展研究中心宏观经济研究部副部长

论坛特邀研究员

（共 30 人，任期 3 年，按姓氏笔画排序）

马光荣　中国人民大学财政金融学院博士、讲师

马梅琴　中国建设银行个人存款与投资部副总经理

马续田　交通银行总行资产管理部总经理

　　　　剑桥大学博士

王　燕　北京大学国家发展研究院高级研究员

　　　　乔治·华盛顿大学客座教授

王少杰　海风联投资基金创始合伙人

　　　　中关村股权投资协会会长

王金晖　中邮创业基金管理有限公司副总经理

刘军民　国家审计署办公厅研究处处长、研究员

李　波　软通动力信息技术(集团)有限公司执行副总裁

李　钢　国务院办公厅金融处处长

李　斌　中国人民银行研究员

杨　光　中证报基金部副主任、专家学术顾问委员会秘书长

肖　婷　北京网聘咨询有限公司智联测评事业部总监

　　　　测评研究院执行院长

宋立洪　商务部综合司副司长

宋汉光　中国人民银行宁波市中心支行行长、高级经济师

张　文　山东省金融办副处长

陈　龙　财政部财政科学研究所副研究员

陈　浩　人民银行调查统计司景气调查处处长

林　竹　中信地产副总裁，城市运营部总经理

金海年　大公国际资信评估有限公司副总裁、研究院院长

周广文　银杏资本管理有限公司董事长

　　　　北京金桐网投资有限公司董事长

周诚君　中国人民银行办公厅副主任,研究员

郑五福　中国人民银行人事司副司长

郑红亮　中国社会科学院经济研究所教授

　　　　《经济研究》常务副主编

段晓强　北京金融街投资(集团)有限公司研究中心主任

浦晓燕　红杉资本董事、总经理

黄格非　中国银河投资管理有限公司副总裁

盛　磊　国家信息中心科研管理处处长、学术办主任

梁　季　财政部财政科学研究所研究员

彭子瑄　中国民族证券有限责任公司董事会秘书

鞠　瑾　北京金融街投资(集团)有限公司总经理

论坛特邀成员

(年龄在40岁以下,共7人,任期3年,按姓氏笔画排序)

王雪磊　中国建设银行办公室副处长

刘　薇　财政部财政科学研究所副研究员

苏京春　财政部财政科学研究所经济学博士

张茉楠　中国国际经济交流中心副处长、副研究员

徐　光　交易商市场协会注册办公室高级主管

徐以升　第一财经日报编委

谭海鸣　中国人民银行货币政策二司副处长

　　　　前国际货币基金组织经济学家

论坛特邀媒体合作伙伴

(共5人,任期3年,按姓氏笔画排序)

乔卫兵　中国经济出版社副总编辑、编审

杨　光　中证报基金部副主任、专家学术顾问委员会秘书长

张永山　《经济研究》杂志副社长

秦　朔　《第一财经日报》总编辑

袁　满　《财经杂志》金融主管编辑

图书在版编目（CIP）数据

梅花与牡丹：中国经济新常态下的消费崛起 / 姚余栋，
李宏瑾著. —杭州：浙江大学出版社，2014.12
  ISBN 978-7-308-13881-9

  Ⅰ.①梅… Ⅱ.①姚… ②李… Ⅲ.①消费经济学—
研究—中国 Ⅳ.①F126.1

  中国版本图书馆 CIP 数据核字（2014）第 219930 号

梅花与牡丹：中国经济新常态下的消费崛起
姚余栋　李宏瑾　著

策　　划	杭州蓝狮子文化创意有限公司
责任编辑	黄兆宁
封面设计	红杉林文化
出版发行	浙江大学出版社
	（杭州市天目山路 148 号　邮政编码 310007）
	（网址：http://www.zjupress.com）
排　　版	杭州中大图文设计有限公司
印　　刷	浙江印刷集团有限公司
开　　本	710mm×1000mm　1/16
印　　张	12.75
字　　数	159 千
版 印 次	2014 年 12 月第 1 版　2014 年 12 月第 1 次印刷
书　　号	ISBN 978-7-308-13881-9
定　　价	39.00 元